喜楽研の支援教育シリーズ

ゆっくり ていねいに 学びたい子のための

読解ワーク ぷらす 5年

企画・編著 ／ 原田 善造

本書の特色

同シリーズ、読解ワーク①・②の発刊以降に行われた教科書改訂にて、新たに採用された教材を主に掲載しています。

また、様々な文章の読解力をつけることができるように、弊社独自の文章も多数掲載しています。

ゆっくりていねいに、段階を追った学習ができます。

読み書きが苦手な子どもでも、ゆっくりていねいに段階を追って学習することができるよう、問題が作成されています。また、漢字が苦手な子どもでも学習意欲が減退しないように、問題文の全ての漢字にふりがなを記載しています。

どの子も理解できるよう、長文は短く切って掲載しています。

長い文章は読みとりやすいように、主に二つから四つに区切って、問題文と設問に、1、2…の番号をつけ、短い文章から読みとれるよう配慮しました。記述解答が必要な設問については、答えの一部をあらかじめ解答欄に記載しておきました。

豊かな内容が子どもたちの確かな学力づくりに役立ちます。

教科書の内容や構成を研究し、小学校の先生方や特別支援学級や支援教育担当の先生方のアドバイスをもとに問題を作成しています。

あたたかみのあるイラストで、楽しく学習できるよう工夫しています。

問題文に、わかりやすい説明イラストを掲載し、楽しく学習できるようにしました。また、文章理解の補助となるよう配慮しています。

ワークシートの説明・使い方

学習する児童の実態にあわせて、拡大してお使いください。

長い文章を読みとるのはむずかしいので、読みとりやすいように①②③④などに文章を短く区切っています。

P6-24（二文・三文・四文・五文の文章を掲載のワークシート）に、QR コードを載せています。ワークシートごとに PDF ファイルをダウンロードすることができます。

※ファイルの読み取りにはパスワードが必要です。パスワードは本書 P5 に記載されています。

問題文に対応した**イラスト**が描かれています。

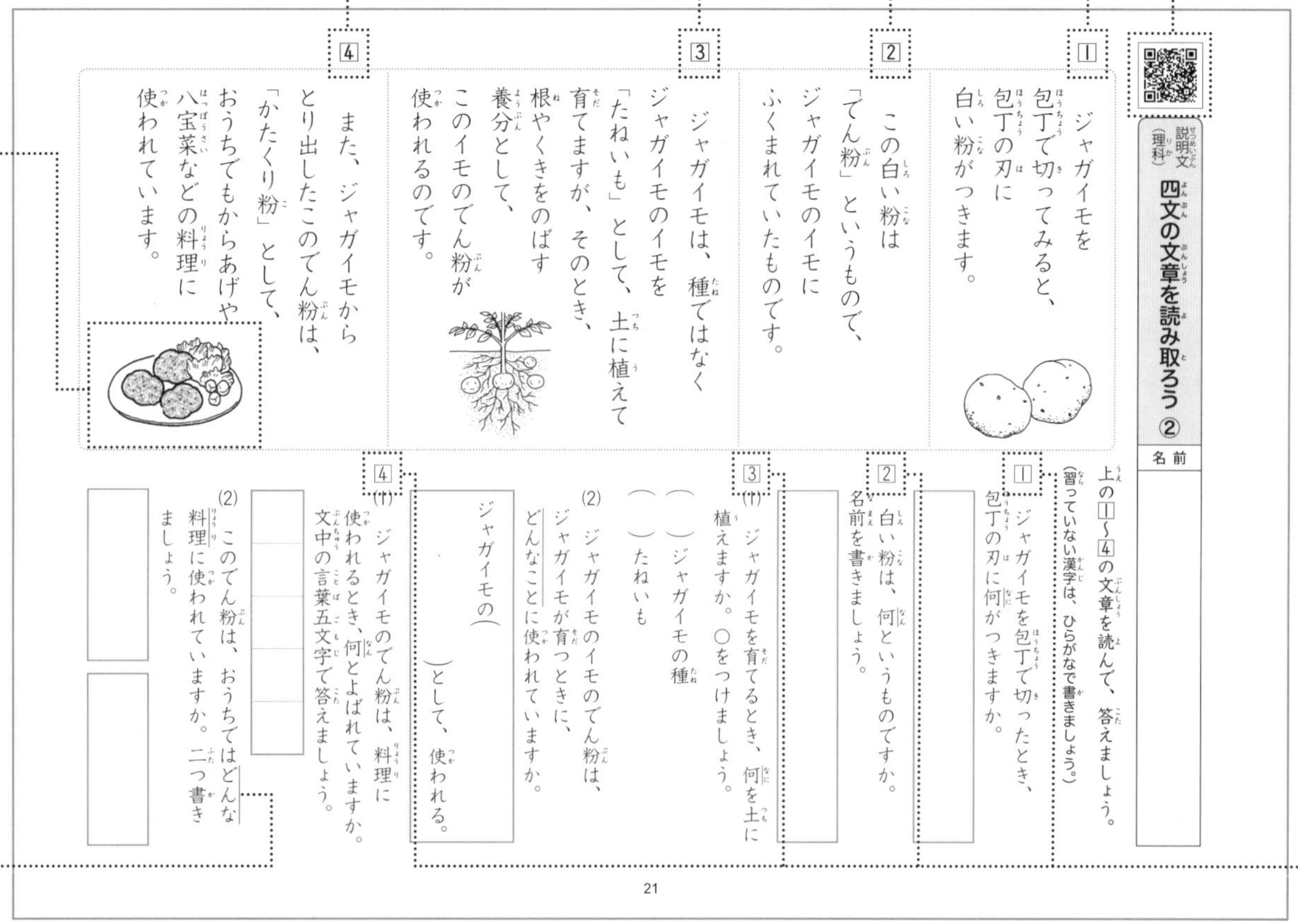

説明文（理科）　四文の文章を読み取ろう　②

名前

1　ジャガイモを包丁で切ってみると、白い粉がつきます。

2　この白い粉は「でん粉」というもので、ジャガイモのイモにふくまれていたものです。

3　ジャガイモは、種ではなくジャガイモのイモを「たねいも」として、土に植えて育てますが、そのとき、根やくきをのばす養分として、このイモのでん粉が使われるのです。

4　また、ジャガイモからとり出したこのでん粉は、「かたくり粉」として、おうちでもからあげや八宝菜などの料理に使われています。

上の1～4の文章を読んで、答えましょう。（習っていない漢字は、ひらがなで書きましょう。）

1　ジャガイモを包丁で切ったとき、包丁の刃に何がつきますか。

2　白い粉は、何というものですか。名前を書きましょう。

3　(1) ジャガイモを育てるとき、何を土に植えますか。○をつけましょう。

（　）ジャガイモの種

（　）たねいも

(2) ジャガイモのイモのでん粉は、ジャガイモが育つときに、どんなことに使われていますか。

ジャガイモの（　）として、使われる。

4　(1) ジャガイモのでん粉は、料理に使われるとき、何とよばれていますか。文中の言葉五文字で答えましょう。

(2) このでん粉は、おうちではどんな料理に使われていますか。二つ書きましょう。

21

①②③④は、上の文章の①②③④にそれぞれ対応しているので、児童が解答を見つける際のヒントになります。

ページによっては、読解の**支援**として、問題文や設問の中の言葉や文に傍線（サイドライン）が引いてあります。

【指導にあたって】

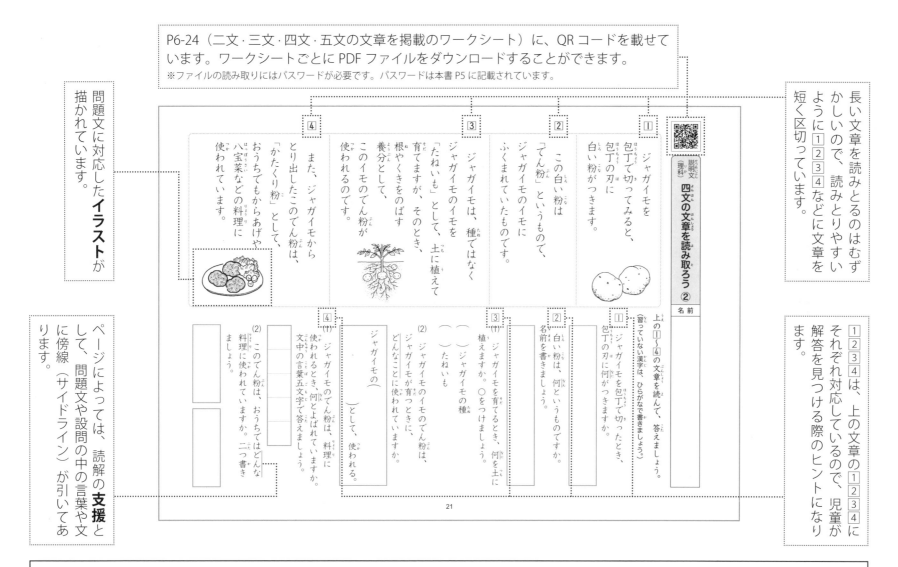

- 上の文章の①を二回音読します。そのあと、下の①の設問に答えます。次に上の文章の②を２回音読します。そのあと、下の②の設問に答えます。③④⑤とある場合も同様に、それぞれ音読し、設問に答えます。設問を解き終えたら、最後にもう一度音読します。
- 詩・短歌・俳句の場合は、先に全体を二回音読します。次に①、②、…と分かれている場合は、それぞれに分けて音読し、設問に答えます。設問を解き終えたら、最後にもう一度音読します。

ゆっくり　ていねいに　学びたい子のための　**読解ワーク　ぷらす**　5年

もくじ

QR コンテンツについて

P6-P24（二文・三文・四文・五文の文章）のワークシートの PDF ファイルをダウンロードしてご利用いただけます。

右の QR コードを読み取るか、下記の URL よりご利用ください。

URL：
https://d-kiraku.com/4255/4255index.html
ユーザー名：dokkai-pu5
パスワード：SHM3vP

※各ページのQRコードからも、それぞれのPDFファイルを読み取ることができます。
※このユーザー名およびパスワードは、本書をご購入いただいた方に限りご利用いただけます。第三者への共有や転送は固くお断りいたします。また、教育目的で児童・生徒に共有される際は、授業を実施される先生・指導者がコンテンツをダウンロードし、ご利用くださいますようお願いいたします。
※上記 URL は、本書籍の販売終了時まで有効です。

物語

二文の文章を読み取ろう ①

名前

1

庭のしばふの上で、
白いネコと
茶色いもようのネコが
むちゅうになって
じゃれ合っています。
二ひきのネコは、
仲のよい兄弟で、
いつも楽しそうに
遊んでいるのです。

2

ぼくと明人は、
雨がふらない日には、
公園で、キャッチボールを
することにしている。
明人は、とても速いボールを
投げるので、ぼくは、ときどき
ボールを後ろに
そらしてしまう。

1 の文章を読んで、答えましょう。

(1) 白いネコと、もう一ぴきはどんなネコですか。

(2) 二ひきのネコは、むちゅうになってどうしていますか。

（　　　　）います。

(3) 二ひきのネコは、どんな関係ですか。○をつけましょう。

（　）仲のよい兄弟。

（　）いつもケンカをする親子。

2 の文章を読んで、答えましょう。

(1) ぼくと明人は、いつ、どこで、何をすることにしているのですか。

・いつ

・どこ(で)

・何(を)

(2) ぼくがときどきボールを後ろにそらしてしまうのは、なぜですか。

明人が（　　　　）から

物語

二文の文章を読み取ろう②

名前

1

三時間目の始業のチャイムがなり、クラスのみんなは国語の教科書を開いて、今日の学習のじゅんびをしている。

しかし、洋介は、（あ）そんなことより休み時間に中山くんとけんかしたことが気になってぼんやりしていた。

2

みさの祖父は、家族のたんじょう日には、うでをふるって料理を作り、いつもは食器だなのおくにしまってあるお皿にもりつけて食べさせてくれる。

祖父には、長年ホテルの料理長をつとめていたうで前があるからだ。

1 の文章を読んで、答えましょう。

(1) いつのことですか。○をつけましょう。

（　）三時間目の授業が始まったとき。

（　）三時間目の授業が終わったとき。

(2) （あ）そんなこととは、どんなことですか。

国語の教科書を開いて、（　　　）をすること

(3) 洋介が気になっていることは、どんなことですか。

（　　　）こと

2 の文章を読んで、答えましょう。

(1) みさの祖父がうでをふるって料理を作るのは、どんなときですか。

(2) 料理は、どんなお皿にもりつけられますか。

(3) みさの祖父が料理を作ってくれるのは、祖父には、何があるからですか。

物語

三文の文章を読み取ろう ①

名前

1

ぼくは、ときどき
お母さんの手伝いで、
夕ご飯のじゅんびをします。
トントントントンと、
お母さんは、聞いていて
気持ちがいいほど、
上手に野菜を切ります。
今はできないけれど、
ぼくも、いつか
お母さんのように
なりたいと
思います。

1 の文章を読んで、答えましょう。

(1) ぼくは、ときどき、お母さんの手伝いで、何をしますか。

(2) トントントントンは、何の音ですか。

お母さんが（　　　　）音

(3) ぼくは、今はお母さんのように上手に野菜を切ることができるのですか。○をつけましょう。

（　）できる
（　）できない

2

雨上がりに、家のげんかんから
西の空を見ると、大きなにじが
出ていました。
思わずわたしが
「あっ、にじ！」と
大声でさけぶと、
お姉ちゃんと弟が
家から出てきたので、
Ⓐにじの出ている方角を
教えてあげました。
いつのまにかお母さんも
出てきて、Ⓘみんなできれいな
にじをながめていました。

2 の文章を読んで、答えましょう。

(1) 「あっ、にじ！」と大声でさけんだのは、だれですか。

(2) Ⓐにじの出ている方角は、どの方角ですか。一つに○をつけましょう。

（　）東　（　）西
（　）南　（　）北

(3) Ⓘみんなで何人でしたか。

物語

三文の文章を読み取ろう ②

名前

1

六月になると、わたしたちの地区のしょうぶ園のしょうぶの花がさき始める。

老人会のみなさんが心をこめて育てたしょうぶの花は、梅雨入りしたころから見ごろになる。

しょうぶ園への道はばがせまくて車がじゅうたいしてしまうので、公共交通機関を使って来るようによびかけられている。

1 の文章を読んで、答えましょう。

(1) わたしたちの地区のしょうぶの花を育てているのはどんな人たちですか。

（　　　　　　）

(2) しょうぶの花が見ごろになるのは、いつごろからですか。

（　　　　　　）ころから

(3) 公共交通機関を使って来るようによびかけられているのは、なぜですか。

しょうぶ園への（　　　　　　）から

2

持久走大会のスタートラインに立ったとき、新太は何人かの友だちに話しかけられたが、だれとも口をきかなかった。

新太は、少しでも早くなりたいとこれまでコツコツ練習を重ねてきた。

㋐その成果をしっかり出したくて走ることに集中したかったからだ。

2 の文章を読んで、答えましょう。

(1) どこに立ったときのことですか。

持久走大会の（　　　　　　）

(2) ㋐その成果とは、何の成果ですか。

これまで（　　　　　　）きた成果

(3) 新太がだれとも口をきかなかったのは、なぜですか。

走ることに（　　　　　　）から

物語

四文の文章を読み取ろう①

名前

1

今日、農家のおじさんから
とれたてのとうもろこしが
たくさんとどいたので、
お母さんが
とうもろこしご飯を
作ってくれることに
なりました。

2

わたしは、とうもろこしの
皮をむき、しんから実を
取り外すお手伝いをしながら、
実がぽろぽろ取れて
気持ちいいなと思いました。

3

とうもろこしのあまい香りに
つられて、お手伝いの合間に、
実を五、六つぶ、そっと口の中に
入れました。

4

「お手伝いのごほうび」だと
言って、お母さんが
山もり茶わんに入れてくれた
とうもろこしご飯を、わたしは
一つぶも残さず
完食しました。

上の1～4の文章を読んで、答えましょう。

1 (1) 今日、農家のおじさんから何がたくさんとどきましたか。

(2) お母さんは、何を作ってくれるのですか。

2 お手伝いをしながら、わたしはどんなことを思いましたか。文中から書き出しましょう。

3 とうもろこしの実をそっと口の中に入れたのは、なぜですか。

（　　　　）につられたから

4 (1) お母さんは、何だと言って、とうもろこしご飯を山もり茶わんに入れてくれましたか。

(2) わたしは、とうもろこしご飯をどうしましたか。

（　　　　）も残さず

（　　　　）しました。

物語

四文の文章を読み取ろう②

名前

1
学校の帰り道、友だちと別れてひとりぼっちになってから、風太は少しこわいと思う場所がある。

2
左右から木のえだがせり出すように道におおいかぶさって、昼間でもうす暗くなっているところがあるのだ。

3
そこに上品な毛なみのねこが目を光らせて、たたずんでいることがよくある。

4
ふつうのねこなら、近づくと足早に去って行くのに、そのねこは動きもしないで、じっと風太の方をにらんでいるのだ。

上の1～4の文章を読んで、答えましょう。

1 学校の帰り道、風太がどう思う場所がありますか。

（　　　　）と思う場所

2 (1) 風太がこわいと思うのは、昼間でもどんなところですか。

昼間でも（　　　　）ところ

(2) 昼間でもうす暗くなっているのは、なぜですか。

（　　　　）いるから

3 どんなねこが、どんな様子でいますか。

● どんなねこ

（　　　　）

● どんな様子

（　　　　）いる

4 風太が出会うねこがふつうのねことちがうと思うのは、どんなところですか。

風太が近づいても（　　　　）もしないで、（　　　　）いるところ

物語

五文の文章を読み取ろう①

名前

1
ジョン船長と
サムそうじゅう士を乗せた
潜水艇は、
深海を目指して
海をもぐり始めました。

2
水深二〇〇メートルをこえると、
まどの外の景色が今までと
すっかり変わりました。

3
太陽の光がとどかない、
真っ暗な世界がどこまでも続き
生き物のすがたも急にへりました。

4
潜水艇のライトに
照らし出された生き物は、
どれも見たことが
ないような、
きみょうなすがたを
していました。

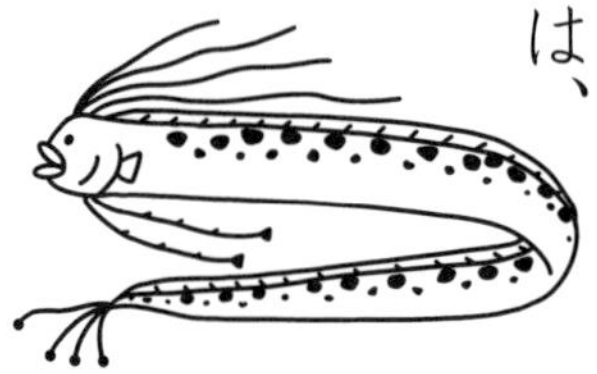

リュウグウノツカイ（深海魚の一種）

5
ジョンは、初めて見る深海の
世界にすっかり心をうばわれ、
しばらくの間
サムの問いかけの声にも
気づかないほどでした。

上の1～5の文章を読んで、答えましょう。

1 (1) そうじゅう士の名前を書きましょう。

(2) 潜水艇は、どこを目指しているのですか。

2 水深何メートルをこえると、まどの外の景色が変わりましたか。

3 どんな世界が続いていますか。一つに〇をつけましょう。

（　）明るくきれいな世界。
（　）真っ暗な世界。
（　）とてもよごれた世界。

4 生き物は、どんなすがたをしていましたか。

どれも（　　）ような、（　　）すがた

5 ジョンは、何にすっかり心をうばわれましたか。

物語

五文の文章を読み取ろう ②

名前

1
ある秋晴れの日曜日、父の発案で県ざかいの山まで家族みんなでもみじがりに出かけた。

2
父の運転する車のまどから、いちょうの金色の葉やもみじの紅葉が次々と後ろへ流れさって見えた。

3
お昼近くになって、山全体を一望できる山ちょう付近の展望台にようやく着いた。

4
展望台から見わたしてみると、どの木も紅葉しているわけではなく、赤や黄色の葉がすぎやひのきの緑の木々の合間に見えることが、紅葉をいっそうひき立てて見せているのだとわかった。

5
この美しい景色をカメラで何まいも写したが、結局のところ、目の前の自然の美しさにかなう写真は一まいもとれなかった。

上の1～5の文章を読んで、答えましょう。

1 (1) いつのことですか。

(2) 家族みんなで何に出かけましたか。

2 車のまどから、次々と流れさって見えたものは何でしたか。（習っていない漢字は、ひらがなで書きましょう。）

3 どんな展望台に着きましたか。

（　　山ちょう付近の展望台　　）

4 どんなことが、紅葉をいっそうひき立てて見せているのだとわかりましたか。

赤や黄色の葉が（　　）に見えること

5 どんな写真がとれましたか。一つに○をつけましょう。

（　）本物の景色よりも美しい写真がとれた。

（　）たくさん写真をとったが、どれも本物の景色ほど美しくなかった。

（　）写真は一まいもとれなかった。

説明文（社会）

二つの文章を読み取ろう①

名前

1

世界には六つの大陸があり、
その中で面積が一番大きいのは
ユーラシア大陸で、
面積が最も小さいのは
オーストラリア大陸である。
　南極大陸は、
雪と氷におおわれ、
ペンギンなどの
生き物はいるが、
人は住んでいない。

1の文章を読んで、答えましょう。

(1) 世界には、いくつの大陸がありますか。一つに○をつけましょう。

（　）四つ　（　）六つ　（　）八つ

(2) 面積が一番小さい大陸は、何という大陸ですか。

(3) 南極大陸にいる生き物の名前を書きましょう。

2

　土地の多くが海面より低い
岐阜県海津市は、
まわりをていぼうでかこまれ
「輪中」とよばれています。
　人々は、石垣の上に
水屋をたてたり、
排水機場を
つくったりして、
洪水からくらしを
守ってきました。

2の文章を読んで、答えましょう。

(1) 海津市の土地の多くは、どんなところにありますか。一つに○をつけましょう。

（　）海面より高いところ。

（　）海面と同じ高さのところ。

（　）海面より低いところ。

(2) まわりをていぼうでかこまれた土地は、何とよばれていますか。

(3) 人々は、何からくらしを守ってきましたか。
（習っていない漢字は、ひらがなで書きましょう。）

説明文（理科）

二文の文章を読み取ろう②

名前

1

空気は、ふつう、
目には見えませんが、
㋐目に見えるようにする
方法があります。

ストローを
口にくわえて、
水の入ったコップに
ぶくぶくと息をふきこむと、
㋑口の中にあった空気は、
水の中であわとなって、
目に見えるようになるのです。

2

川の水は、高い場所から
低い場所へ流れていきます。
山などにふった雨が
小さな川となり、
ほかの川といっしょになって
大きな川となり、
海へ流れて
いくのです。

1 の文章を読んで、答えましょう。

(1) 空気は、ふつう目に見えますか。
○をつけましょう。

（　）見える　（　）見えない

(2) 空気を㋐目に見えるようにする方法として、どんな方法が書いてありますか。

ストローを口にくわえて、水の入ったコップに（　　　）方法

(3) ㋑口の中にあった空気は、水の中で何になって目に見えるようになるのですか。

（　　　）

2 の文章を読んで、答えましょう。

(1) 川の水は、どこからどこへ流れていきますか。

（　　）場所から
（　　）場所へ流れていきます。

(2) 何が、小さな川になるのですか。

（　　）などにふった（　　）

(3) 川の水は、最後にはどこへ流れていくのですか。

（　　　）

説明文（理科）

二文の文章を読み取ろう ③

名前

1

陸上でいちばん大きな動物はアフリカ象ですが、海の中にはもっと大きな動物がいます。

それは、シロナガスクジラで、大きなものでは、頭の先からしっぽまでの長さが三十メートル以上もあり、二十五メートルプールよりも大きな体をしています。

2

魚の中でいちばん大きいのは、ジンベエザメで、大きなものでは全長十八メートルもあります。

サメのなかまですが、性質はおだやかで、海にういている小さな生き物であるプランクトンなどを食べて、くらしています。

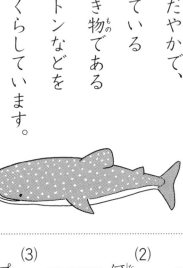

1 の文章を読んで、答えましょう。

(1) この文章で、アフリカ象と比べているのは、何という名前の動物ですか。

（　　　　）

(2) 二つの動物で、何を比べていますか。○をつけましょう。

（　）体の大きさ　（　）頭の大きさ

(3) 上の文章の内容と合う文に○をつけましょう。

（　）アフリカ象は、シロナガスクジラよりも大きい。

（　）シロナガスクジラは、アフリカ象よりも大きい。

2 の文章を読んで、答えましょう。

(1) ジンベエザメは、どんな大きさですか。二つに○をつけましょう。

（　）魚の中でいちばん大きい。

（　）全長十八メートルもあるものもいる。

（　）小さな生き物である。

(2) ジンベエザメは、魚の中でも、何のなかまだといえますか。

（　　　　）のなかま

(3) ジンベエザメが食べているプランクトンとは、どんな生き物ですか。

（　　　　）生き物

説明文（社会）

三文の文章を読み取ろう①

名前

1

四季の変化が見られるのは、日本の気候の特色です。

春にはあたたかくなって桜などの花がさき、夏には気温が上がって海水浴が楽しめます。

秋には、イチョウやモミジなどの紅葉が楽しめ、冬には、雪景色が見られ、雪遊びやスキーなども楽しめます。

＊「日本」は、「にほん」とも読みます。

1の文章を読んで、答えましょう。

(1) どんなことが日本の気候の特色なのですか。

（　　　　　　　　　　）こと

(2) 春、夏、秋、冬に関係があるものを選んで――線で結びましょう。

春・　　・海水浴が楽しめる。
夏・　　・雪遊びができる。
秋・　　・桜などの花がさく。
冬・　　・紅葉が楽しめる。

2

沖縄県は、一年中あたたかい地域ですが、台風がたくさん通ります。

そのため、伝統的な家では屋根がわらをしっくいで固め、家のまわりをサンゴの石垣でかこんだりしていました。

今は、コンクリート造りで屋根を平らにした家が多くあります。

2の文章を読んで、答えましょう。

(1) 沖縄県は、何がたくさん通りますか。

(2) 伝統的な家では、家のまわりを何でかこんでいましたか。
（習っていない漢字は、ひらがなで書きましょう。）

(3) 今は、何で造られた家が多いのですか。

説明文（理科）

三文の文章を読み取ろう②

名前

1

世界でいちばん速く走ることができる動物は、アフリカにいるチーターです。

チーターの走る速さは時速百キロメートルにもなり、この速く走る力を使って、シカのなかまなどを追いかけ、とらえて食べています。

しかし、速くは走れても、その速さで長くⓐ走り続けることはできず、えものににげ切られてしまうこともあります。

2

ライオンは、何頭かがグループとなり、役わりを決めてえものをとらえます。

シマウマなどをとらえるときには、追いかける役や待ちぶせして飛びかかる役、また、おどかす役やときにはおとりの役などに分かれて、一つのチームとなってかりをします。

おどかす役などには、子どものライオンが加わることもあり、かりが失敗してもなかまをせめたりはしないようです。

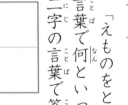

1の文章を読んで、答えましょう。

(1) チーターは、どんなことができる動物ですか。

（　　　　）ことができる動物

(2) チーターの走る速さは、どれくらいにもなるといっていますか。

[　　　　]

(3) チーターがⓐえものににげ切られてしまうことがあるのは、なぜですか。

チーターは速く走れても、その速さで（　　　　）ことはできないから

2の文章を読んで、答えましょう。

(1) ライオンは、グループで何を決めてえものをとらえますか。

[　　　　]

(2) どの役わりなどに、子どものライオンが加わることがあるといっていますか。○をつけましょう。

（　）おとりの役

（　）おどかす役

(3) 「えものをとらえる」ことを、別の言葉で何といっていますか。文中の二字の言葉で答えましょう。

[　　][　　]

説明文（理科）

三文の文章を読み取ろう ③

名前

1

①草むらにいるバッタやカマキリの体の色は、たいてい緑色をしています。

②体が緑色をしていると、何かつごうのよいことがあるのでしょうか。

③緑色は、バッタやカマキリが住んでいる草むらと同じような色なので、㋐バッタのてきである鳥やトカゲなどにも見つかりにくく、食べられにくいからだと考えられています。

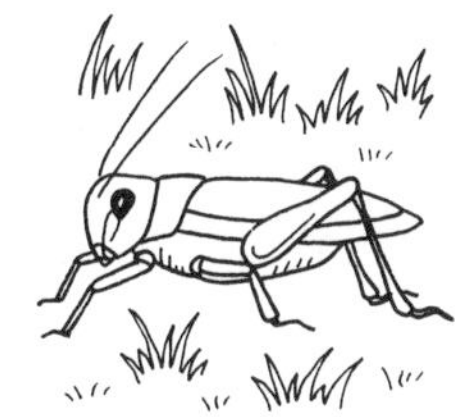

1 の文章を読んで、答えましょう。

(1) ①〜③の文のうち、問いかけの役わりをしているのは、どの文ですか。①〜③の番号で答えましょう。

(2) ㋐バッタのてきとは、どんな動物ですか。文中から二つ書き出しましょう。

(3) バッタやカマキリの体の色が緑色であることは、どんなことに役立っていますか。一つに○をつけましょう。

（　）身を守ること。

（　）よく目立つこと。

（　）てきをおどかすこと。

2

トンボは、空を飛びながらハエやカなどの小さな虫を見つけては、㋑それらをつかまえて食べて生きています。

そのため、トンボの体は、カブトムシやセミとくらべるととても軽く、うすくて大きな羽根を持ち、空中をすばやく飛ぶのにつごうよくできています。

さらに、大きくて周りのものがよく見える目を持っているのも、空中で虫を見つけては、飛びながらつかまえて食べるという、トンボの食べ物や㋒くらしと関係しているといえます。

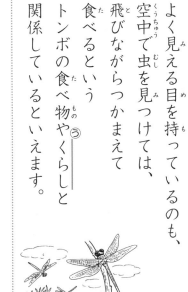

2 の文章を読んで、答えましょう。

(1) ㋑それらとは、何を指していますか。

(2) トンボの体の軽さや羽根の大きさは、トンボがどうすることにつごうよくできていますか。

（　　　　）こと

(3) トンボの㋒くらしとは、どのようなくらしのことですか。

トンボが空中で（　　　　）を見つけては、（　　　　）食べるというくらし

説明文（社会）

四文の文章を読み取ろう ①

名前

1

南北に長く、山地が多い日本列島では、地域によって大きく気候がちがいます。

2

さくらの花は、一月中ごろの沖縄から始まり、五月中ごろの北海道まで順に四か月もの間さいていきます。

3

海に面した地域の気候はわりとおだやかですが、内陸部は気温の変化が大きく、山地は気温が低くなります。

4

春から夏の変わり目には雨が多い梅雨になり、夏から秋にかけて台風におそわれ、夏と冬には季節風がふくのも日本の気候の特色です。

＊「日本」は、「にほん」とも読みます。

上の1～4の文章を読んで、答えましょう。

1 日本列島では、地域によって何が大きくちがいますか。一つに○をつけましょう。

（　）南北　（　）山地　（　）気候

2 さくらの花は、次の地域では、いつごろさきますか。

① 北海道 ［　　　　］

② 沖縄 ［　　　　］

3 (1) どんな地域の気候が、わりとおだやかなのですか。

（　　　　）地域

(2) 内陸部の気温について、あてはまる方に○をつけましょう。

（　）気温の変化が大きい。

（　）気温が低い。

4 日本の気候の特色について、（　）にあてはまる言葉を□からえらんで書きましょう。

春から夏の変わり目には、（　　）になり、（　　）と（　　）には、季節風がふきます。

春　夏　秋　冬　梅雨　台風

説明文（理科）

四文の文章を読み取ろう ②

名前

1

ジャガイモを
包丁で切ってみると、
包丁の刃に
白い粉がつきます。

2

この白い粉は
「でん粉」というもので、
ジャガイモのイモに
ふくまれていたものです。

3

ジャガイモは、種ではなく
「たねいも」として、土に植えて
育てますが、そのとき、
根やくきをのばす
養分として、
このイモのでん粉が
使われるのです。

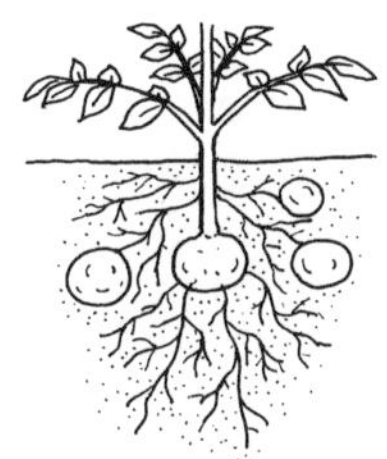

4

また、ジャガイモから
とり出したこのでん粉は、
「かたくり粉」として、
おうちでもからあげや
八宝菜などの料理に
使われています。

上の1～4の文章を読んで、答えましょう。
（習っていない漢字は、ひらがなで書きましょう。）

1 ジャガイモを包丁で切ったとき、包丁の刃に何がつきますか。

2 白い粉は、何というものですか。名前を書きましょう。

3 (1) ジャガイモを育てるとき、何を土に植えますか。○をつけましょう。

（　）ジャガイモの種

（　）たねいも

(2) ジャガイモのイモのでん粉は、ジャガイモが育つときに、どんなことに使われていますか。

ジャガイモの（　　　）として、使われる。

4 (1) ジャガイモのでん粉は、料理に使われるとき、何とよばれていますか。文中の言葉五文字で答えましょう。

(2) このでん粉は、おうちではどんな料理に使われていますか。二つ書きましょう。

説明文（理科）

四文の文章を読み取ろう ③

名前

1

今、日本の多くの池や湖には、ブラックバスという魚がいます。

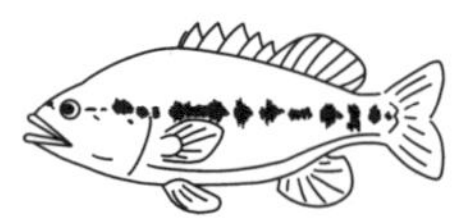

2

㋐この魚は、コイやフナのような昔から日本にいた魚ではなく、食用として、また魚つりを楽しむために外国から持ちこまれ、それが放されたりにげ出したりして、日本中の池や湖に広がったといわれています。

3

このように、外国から日本に持ちこまれて広がった生き物はほかにもあって、ブルーギルという魚やアメリカザリガニなどもその一つです。

アメリカザリガニ

4

しかし、これらの生き物は、もとから日本にいた魚などを食べてしまい、池や湖の生き物の数や種類を変えてしまうこともあるので、これ以上ふえたり広がったりしないような取り組みが行われています。

※ブラックバス…正式には「オオクチハス」のこと。

（＊「日本」は、「にほん」とも読みます。）

上の1～4の文章を読んで、答えましょう。

1 今、日本の多くの池や湖に、何という魚がいるといっていますか。

2 (1) ㋐この魚とは、何のことですか。○をつけましょう。

（　）コイやフナ

（　）ブラックバス

(2) ブラックバスは、何のために外国から持ちこまれた魚ですか。文中の言葉を使って、二つ書きましょう。

（　　　）として

（　　　）ため

3 外国から日本に持ちこまれて広がった生き物の名前を、ブラックバスのほかに、二つ書きましょう。

4 これらの生き物が、これ以上ふえたり広がったりしないような取り組みが行われているのは、なぜですか。

（　　　）などを食べてしまい、（　　　）を変えてしまうこともあるから

説明文（社会）

五文の文章を読み取ろう ①

名前

1
山形県の庄内平野は、三本の川が流れこみ、豊かな水にめぐまれた米の産地として知られている。

2
夏の昼と夜の温度差が大きく春から秋にかけての日照時間が長いのも、米づくりによい条件になっている。

3
広く平らな庄内平野の水田は大きな長方形に区切られ、大型の機械で効率よく米が生産されている。

4
土地が平らで、すべての田に水が行きわたりにくいため、水路を田の地下に通し、川の水をポンプで送り出している。

5
庄内平野で作られる米の品種では、「はえぬき」が一番多く、他に山形県のブランド米「つや姫」「雪若丸」なども作られている。

上の1〜5の文章を読んで、答えましょう。

1 庄内平野は、何にめぐまれた米の産地ですか。
（習っていない漢字は、ひらがなで書きましょう。）

2 米づくりによい条件とは何ですか。二つ書きましょう。

夏の昼夜の（　　　　）が大きい

春から秋の（　　　　）が長い

3 庄内平野の水田は、どんな形をしていますか。一つに○をつけましょう。

（　）大きな長方形。

（　）きれいな円形。

（　）四方が同じ長さの正方形。

4
(1) 水路をどこに通していますか。

(2) 水路を田の地下に通して、川の水をポンプで送り出しているのは、何のためですか。

すべての（　　　）に（　　　）が行きわたるようにするため

5 庄内平野で一番多く作られている米の品種を書きましょう。

説明文（理科）

五文の文章を読み取ろう ②

名前

1　つくえの上に、コップの水がこぼれたあと、そのままにしておくと、いつの間にかこぼれた水は見えなくなっています。

2　では、こぼれた水は、消えてなくなったのでしょうか。

3　じつは、こぼれた水は消えたのではなく、目に見えないすがたに変わっただけで、なくなったわけではないのです。

4　こぼれた水は、液体のすがたをしていて、目でも見えますが、やがて、目には見えない気体の水にすがたを変え、まわりの空気中に広がっていったので、消えたように見えたのです。

5　そして、この気体に変身した水のことを「水じょう気」といい、水が液体から気体のすがたに変身することを「じょう発」というのです。

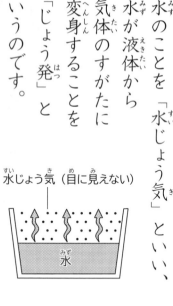

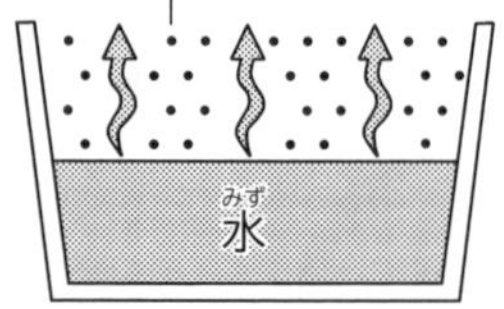

上の1～5の文章を読んで、答えましょう。

(1) 上の文章で、問いかけている文は、どれですか。1～5の番号で答えましょう。
［　　］

(2) 上の文章で、「問い」に答えている文は、どれですか。1～5の番号で二つ答えましょう。
［　　］［　　］

上の3・4の文章を読んで、答えましょう。

(1) つくえの上にこぼれた水が、やがて目に見えなくなったのは、なぜですか。○をつけましょう。
（　）水は、消えてなくなったから。
（　）水は、液体から、気体の水にすがたを変えたから。

(2) 次のものは、目に見えますか。見えるものに○、見えないものに×を書きましょう。
（　）こぼれたときの、液体のすがたの水。
（　）気体になった水。

上の5の文章を読んで、答えましょう。

(1) 水が気体に変身したものを、何といいますか。
［　　］

(2) 「じょう発」とは、水がどうすることをいうのですか。
水が液体から（　　　　）こと

物語
銀色の裏地 ①

名前

1

その日の下校時、理緒は、
あかねと希恵が仲よく
帰っていくのを見た。
これまでだったらすぐに
追いかけたはずなのに、
理緒は、二人の
後ろすがたを
見送ることしか
できなかった。

2

「Ⓐ坂本さん、今日、
プレーパークに行かない。」
いつからいたのか、ふり向くと、
高橋さんが立っている。
「プレーパーク。」
ときき返した理緒に、
「うん。Ⓘ空を見ようと思って。
今日は、空を見るのに
絶好の天気だから。」
と、高橋さんはほほえんだ。

（令和六年度版　光村図書　国語　五　銀河　石井　睦美）

上の1・2の文章を読んで、答えましょう。

1 (1) 理緒は、いつ、あかねと希恵を見ましたか。

その日の（　　　　）

(2) 理緒は、あかねと希恵がどうするところを見ましたか。

あかねと希恵が（　　　　）いくところ

(3) 理緒は、あかねと希恵を見て、どうしましたか。○をつけましょう。

（　）すぐに二人を追いかけた。
（　）二人を見送ることしかできなかった。

2 (1) Ⓐ坂本さんとは、だれのことですか。一つに○をつけましょう。

（　）理緒
（　）あかね
（　）希恵

(2) 高橋さんは、理緒にどこに行こうと言いましたか。

（　　　　）

(3) Ⓘ空を見ようと高橋さんが言ったのは、なぜですか。

今日は、（　　　　）のに
（　　　　）だから

物語

銀色の裏地 ②

名前

1

プレーパークは、児童館のとなりにあるしばふの広場で、遊具もある。けれど、高橋さんはそこで空を見るという。

家への帰り道、理緒はひとりで何度も

ⓐ空を見上げた。

プレーパークに向かうときも。

見えるのは、朝と同じくもり空だ。

なのに、絶好の天気って、どういうことだろう。ⓘ不思議に思いながらプレーパークに着くと、高橋さんはもう着いていて、入り口で理緒を待っていた。

2

「こっちこっち。」

高橋さんは、ずんずんしばふの中に入っていく。理緒がついていくと、高橋さんは

ためらいもなく横になった。

「坂本さんもやってみて。」

「う、うん。」

わけが分からないまま理緒が横になると、ⓤ高橋さんがぼそりと何かをつぶやいたのが聞こえた。

「なんて言ったの。」

「銀色の裏地。」

（令和六年度版　光村図書　国語　五　銀河　石井　睦美）

上の1・2の文章を読んで、答えましょう。

1 (1) プレーパークとは、どんな場所ですか。

（　　　）のとなりにある

（　　　）で、

（　　　）もある場所

(2) ⓐ空を見上げたとき、理緒には何が見えましたか。

朝と同じ（　　　）

(3) ⓘ不思議に思いながらとありますが、理緒はどんなことを不思議に思ったのですか。○をつけましょう。

（　）高橋さんが、プレーパークにもう着いていたこと。

（　）くもり空なのに、空を見るのに絶好の天気だと、高橋さんが言ったこと。

2 (1) プレーパークでの、高橋さんの行動の順番になるように、1〜3の数字を（　）に書きましょう。

（　）ためらいもなくしばふに横になる。

（1）ずんずんしばふの中に入っていく。

（　）理緒にも横になるよう言う。

(2) ⓤ高橋さんがぼそりと何かをつぶやいたとありますが、何とつぶやきましたか。

（習っていない漢字は、ひらがなで書きましょう。）

物語　銀色の裏地③

名前

1

今度は聞き取れた。

でも、銀色の裏地って、なに。

あ理緒の疑問に答えるように、高橋さんは空を見上げたまま、こう続けた。

「全ての雲には銀色の裏地がある。これ、い外国のことわざなんだけどね。」

「へえ。そうなんだ。」

2

「うん。くもっていても、雲の上には太陽があるから、雲の裏側は銀色にかがやいている。だから、銀色の裏地をさがそう。うそういう歌があるんだって、おじいちゃんが教えてくれた。くもった――じゃなかった、こまったことがあっても、いやなことがあっても、いいことはちゃんとあるんだって。」

最後のほうを早口で、高橋さんは言った。

もしかして、わたしの気持ちに気づいていたの。そう思ったけれど、理緒はえそのことはきかずに、だまってくもり空を見上げ続けた。

（令和六年度版　光村図書　国語　五　銀河　石井　睦美）

上の1・2の文章を読んで、答えましょう。
（習っていない漢字は、ひらがなで書きましょう。）

1

(1) あ理緒の疑問とは、どんなことですか。文中から一文で書き出しましょう。

(2) い外国のことわざとは、どんな言葉ですか。文中から一文で書き出しましょう。

2

(1) うそういう歌とありますが、どんな歌ですか。

くもっていても、雲の上には（　　）があるから、雲の裏側は（　　）いる。だから、（　　）をさがそう。

(2) うそういう歌を、高橋さんに教えてくれたのはだれですか。

高橋さんの（　　）

(3) うそういう歌の話の後、高橋さんはどんなことを理緒に伝えましたか。

こまったことや、いやなことがあっても、（　　）はちゃんとあるということ

(4) えそのこととは、どんなことですか。

高橋さんが、（　　）に気づいていたのかということ

物語

銀色の裏地 ④

名前

1

あの厚い雲の向こうに
太陽はある。だから今も、
雲の裏側は銀色にかがやいている。
Ⓐそう想像するのは、
とてもすてきなことだった。
理緒は、急に今朝のお母さんの
ことをⓘ話したくなった。

2

「今日って、朝からくもってた
でしょ。[ア]、うちの
お母さんってば、
『ⓤ今日もいい天気。』って
言ったんだよ。」
「おもしろいお母さんだね。
あ、いいお母さんっていう
意味だけど。」
「うん。」
と、理緒は返事をした。
ⓔはずむような声が出ていた。

（令和六年度版　光村図書　国語　五　銀河　石井　睦美）

上の1・2の文章を読んで、答えましょう。
（習っていない漢字は、ひらがなで書きましょう。）

1
(1) Ⓐそう想像するとありますが、どのようなことを想像するのですか。

あの（　　　）の向こうに（　　　）はある。だから今も、（　　　）いる、ということ

(2) Ⓐそう想像することを、理緒はどんなことだと考えていますか。

とても（　　　）こと

(3) ⓘ話したくなったとありますが、どんなことを話したくなったのですか。理緒は

（　　　）のこと

2
(1) [ア]にあてはまる言葉に○をつけましょう。

（　）なのに　（　）それに

(2) ⓤ今日もいい天気とありますが、今日はどんな天気ですか。一つに○をつけましょう。

（　）晴れ　（　）くもり　（　）雨

(3) ⓔはずむような声とありますが、このとき理緒はどんな気持ちだったのですか。○をつけましょう。

（　）おどろいた気持ち
（　）うれしい気持ち

物語

たずねびと①

名前

1

すごく不思議なポスターだった。

「さがしています」という大きな文字が、わたしの目に飛びこんできたのだ。（あ）いつものように駅の構内をぬけていくときのことだった。

大きな文字の下には名前。名前、だと思う。名前だけ、何段も何段も書いてある。

――あんなにたくさんの人を、だれがさがしているんだろう。

2

家の近くのけいじ板にも、よくポスターがはってある。「迷いねこ」や「迷い犬」、「青いインコをさがしています」というのもあった。ねこも犬もインコも、いなくなったまま帰ってこなくなって、だれかがさがしている。

――だけど、（い）あの大きなポスター。

あんなにたくさんの人が、いなくなったのかな。

どうも気になって、ポスターのはってあるかべまで歩いて行った。

※構内…駅などの、建物の中のこと。

（令和六年度版　光村図書　国語　五　銀河　朽木　祥）

上の1・2の文章を読んで、答えましょう。

1

(1) どんなポスターでしたか。

すごく（　　　　）なポスター

(2) （あ）わたしの目に飛びこんできたについて答えましょう。

① 何が飛びこんできたのですか。

（　　　　）という大きな文字

② どんな意味ですか。○をつけましょう。

（　）大きな文字が見えた。

（　）紙きれが目の中に入った。

(3) 大きな文字の下には名前がどのように書いてありましたか。（習っていない漢字は、ひらがなで書きましょう。）

名前だけ、（　　　　）書いてある。

2

(1) （い）あの大きなポスターは、どこにはってありましたか。○をつけましょう。

（　）家の近くのけいじ板。

（　）駅の構内のかべ。

(2) （う）あの大きなポスターを見かけて、「わたし」は、どんなことが気になったのですか。2の文中から一文を書き出しましょう。

物語

たずねびと ②

名前

1

　すると、(あ)ポスターのちょうど真ん中へんにあったのは、わたしの名前だった。

「楠木アヤ」――かっこの中には年齢も書いてあった。（十一さい）――年齢も同じ。

――びっくり。だれかが、わたしをさがしてるの。

　だが、もちろん、そうではなくて、ポスターのいちばん上には『原爆供養塔納骨名簿』とあった。だいいち、(い)わたしの名前は漢字で「綾」と書くのだ。

2

　(う)ポスターには、「ご遺族の方や名前にお心当たりのある方は、お知らせください」とも書いてあった。

――死んだ人をさがしてるんだ――

　(え)原爆が落とされたのって、戦争が終わった年だよね。何十年も前のことなのに。

「楠木アヤ（十一さい）」と書かれた所を、また見つめた。

　このアヤちゃんには、何十年も前からだれも「心当たり」がないのだろうか。

　(お)本当に不思議な気がした。

※原爆…「原子爆弾」のこと。一九四五年八月に広島と長崎に落とされた。

※遺族…死んだ人のあとに残された家族、親族。

（令和六年度版　光村図書　国語　五　銀河　朽木　祥）

上の1・2の文章を読んで、答えましょう。

1

(1) (あ)ポスターのちょうど真ん中へんに書いてあった名前は、次のどちらですか。○をつけましょう。

（　　）楠木綾

（　　）楠木アヤ

(2) (い)わたしの名前は、次のどちらですか。○をつけましょう。

（　　）楠木綾

（　　）楠木アヤ

2

(1) (う)ポスターには、どんなことも書かれていましたか。

「ご遺族の方や（　　　　）は、（　　　　）ください」

(2) (え)原爆が落とされた年は、何がどうした年ですか。文中から八文字で書き出しましょう。

(3) (お)本当に不思議な気がしたとありますが、どんなことを不思議に思ったのですか。

このアヤちゃんには、（　　　　）から だれも（　　　　）のだろうか、ということ

物語

たずねびと③

名前

1

（綾は、兄と二人で広島の原爆ドームに行った。）

秋の空は高く青くすんで、ゆったり流れる川にも空の色がうつっていた。ほね組みがむき出しのドームがその場にあるのが不思議なくらい、明るくて晴れ晴れとした景色だった。

2

――ここが爆心地なのか。

ここで本当にたくさんの人が死んだの――。

お兄ちゃんも、独り言みたいにつぶやいた。

「信じられないよな。水面が見えないくらい、びっしり人がういてたなんて。」

※ドーム…「原爆ドーム」のこと。原子爆弾の被害を今に伝えている。世界遺産。

※爆心地…爆発の中心地。原爆が爆発したところ。

（令和六年度版　光村図書　国語　五　銀河　朽木　祥）

上の1・2の文章を読んで、答えましょう。

1

(1) 秋の空は、どんな様子でしたか。（　）に文中の言葉を書きましょう。

（　　　　）いた。

(2) あゆったり流れる川にうつっていたものは、何でしたか。

（3) いその場にあるのが不思議なものとは、何ですか。

（　　　　）のドーム

(4) いその場にあるのが不思議なくらい、どんな景色でしたか。

（　　　　）とした景色

2

(1) うここが爆心地なのか。ここで本当にたくさんの人が死んだの――。と、思ったのは、だれですか。○をつけましょう。

（　）綾

（　）お兄ちゃん

(2) え信じられないとありますが、どんなことが信じられないのですか。

（　　　　）くらい、びっしり（　　　　）なんて。

物語 **たずねびと ④**

名前

1

〔綾と兄の二人は、平和記念資料館に向かった。〕

資料館を半分も見て回らないうちに、わたしは㋐頭がくらくらしてきた。何もかも信じられないことばかりだった。

2

だけど、㋑陳列ケースにならべられた、ご飯が炭化した弁当箱、くにゃりととけてしまったガラスびん、八時十五分で止まったうで時計が、そして焼けただれた三輪車や石段に残る人の形のかげが、「本当なんです。あなたは知らなかったの。」と問いかけてくるような気がした。原爆の閃光や熱風、四千度もの熱のせいで、この持ち主たちは、ほとんどみんな死んでしまったのだ。

——たった一発の爆弾で、こんなひどいことになるなんて。

※くらくら…めまいがしてたおれそうなようす。

（令和六年度版　光村図書　国語　五　銀河　朽木　祥）

上の1・2の文章を読んで、答えましょう。

1 わたしの㋐頭がくらくらしたのは資料館で見るものが、どんなことばかりだったからですか。

（　　　　）ことばかり

2 (1) ㋑陳列ケースには、どんなものがならべられていましたか。

- ご飯が炭化した（　　　　）
- くにゃりととけてしまった（　　　　）
- （　　　　）で止まった（　　　　）
- 焼けただれた（　　　　）
- 石段に残る（　　　　）

(2) 陳列ケースにならべられたものが、何と問いかけてくるような気がしましたか。文中から書き出しましょう。

(3) 陳列ケースにならべられたものの持ち主たちは、どうなったのですか。

ほとんどみんな（　　　　）のだ。

物語　たずねびと ⑤

名前

1

〔原爆供養塔で、綾と兄の二人は、小さなおばあさんから供養塔について話を聞いた。〕

「――あの、ポスターにね、わたしと名前が同じ女の子がいたんです。わたし、クスノキアヤっていうんですけど。」

(あ)おばあさんの顔がぱっとかがやいた。お兄ちゃんがあわてた様子で付け足した。

「遺族とか、知り合いとかじゃないんです。ただ年齢までいっしょだったから、妹がすごく心に残ったみたいで――。」

それを聞くと、おばあさんはだまりこんでしまった。

2

わたしは(い)こまってお兄ちゃんを見た――おばあさんをがっかりさせてしまったにちがいないと思ったのだ。

だが、そうではなかった。

おばあさんは、ほうきとちり取りをわきに置くと、しゃがんで供養塔に手を合わせ、こう言ったのだ。

「アヤちゃん、よかったねえ。もう一人のアヤちゃんがあなたに会いに来てくれたよ。」

※供養塔…死んだ人の、死後の幸せをいのるところ。

（令和六年度版　光村図書　国語　五　銀河　朽木　祥）

上の1・2の文章を読んで、答えましょう。

1

(1) (あ)おばあさんの顔がぱっとかがやいたとありますが、これは、おばあさんのどんな気持ちを表していますか。一つに○をつけましょう。

（　）おどろいている気持ち

（　）あわてている気持ち

（　）喜んでいる気持ち

(2) (あ)おばあさんの顔がぱっとかがやいたのを見て、お兄ちゃんはどんな様子で言葉を付け足しましたか。

（　　　　　）で言葉を付け足した。

(3) お兄ちゃんがあわてて言葉を付け足したのは、なぜですか。○をつけましょう。

（　）おばあさんが、自分たちのことを遺族や知り合いだと思いちがいしたと考えたから。

（　）妹と名前が同じ女の子は、年齢も妹と同じだと伝えたかったから。

2

(1) わたしが、(い)こまってお兄ちゃんを見たのは、なぜですか。

おばあさんを（　　　　　）と思ったから

(2) おばあさんは、がっかりしていましたか。○をつけましょう。

（　）がっかりしていた。

（　）がっかりしていなかった。

物語　**たずねびと ⑥**

名前

1

やがておばあさんは顔を上げると、しわだらけの顔いっぱいに、もっとしわをきざんでわたしに笑いかけた。㋐目には光るものがあったので、泣き笑いみたいな表情だった。

「この楠木アヤちゃんの夢やら希望やらが、あなたの夢や希望にもなって、かなうとええねえ。元気で長う生きて、㋑幸せにおくらしなさいよ。」

わたしははずかしくなって下を向いてしまった。そんなことは考えたこともなかったからだ。

2

別れぎわ、小さなおばあさんは見上げるようにしてわたしの手を取った。

「どうか、㋒この子のことを――アヤちゃんのことを、ずっとわすれんでおってね。」

※しわをきざんで…しわだらけにして。

※別れぎわ…別れようとしたとき。

（令和六年度版　光村図書　国語　五　銀河　朽木　祥）

上の1・2の文章を読んで、答えましょう。

1

(1) ㋐目には光るものがあったとありますが、「光るもの」とは何のことですか。一つに○をつけましょう。

（　）めがね

（　）なみだ

（　）あせ

(2) おばあさんは、どんな表情でしたか。

（　　　　　　）表情

(3) おばあさんは、㋑幸せにおくらしなさいよ。と、だれに向かって言いましたか。○をつけましょう。

（　）楠木アヤちゃん

（　）わたし（楠木綾）

(4) おばあさんの言葉を聞いて、わたしがはずかしくなって下を向いてしまったのはなぜですか。

おばあさんが言ったようなことは、

（　　　　　　）

2

(1) 別れぎわ、おばあさんは何を手に取って話をしましたか。

(2) ㋒この子とは、だれのことですか。文中から五文字で書き出しましょう。

物語

たずねびと ⑦

名前

1

秋の日は短くて、日が
しずみかけていた。川土手を
ゆっくり歩いて、橋に向かった。
静かに流れる川、夕日を受けて
赤く光る水。
　わたしはらんかんに
もたれた。お兄ちゃんも
せかさなかった。
昼すぎに、この橋を
わたったときには、
Ⓐきれいな川は
きれいな川でしかなかった。
ポスターの名前が、ただの
名前でしかなかったように。

2

Ⓘ資料館で読んだ説明が
思い出された――この辺りは、
元はにぎやかな町だった。町には
多くの人々がくらしていた。
だが、あの朝、一発の爆弾がⓊ町も
人も、この世から消してしまった。
　消えてしまった町、名前でしか
ない人々、名前でさえない人々、
数でしかない人々、数でさえない
人々。

※らんかん…橋のさくの部分。手すり。
※もたれた…よりかかった。
※せかす…急がせる。

（令和六年度版　光村図書　国語　五　銀河　朽木　祥）

上の1・2の文章を読んで、答えましょう。

1

(1) 一日にうちの、いつごろのことですか。一つに○をつけましょう。

（　）早朝
（　）昼すぎ
（　）夕方

(2) 日がしずみかけて、川や、川の水は、どんな様子ですか。文中から一文で書き出しましょう。

(3) Ⓐきれいな川は、きれいな川でしかなかったのは、いつのことでしたか。

（　　）に、この（　　）を
（　　）とき

2

(1) Ⓘ資料館で読んだ説明には、どんなことが書いてありましたか。

この辺りは、元は（　　）だった。町には、
（　　）がくらしていた。

(2) Ⓤ町も人も、この世から消してしまったのは何ですか。
（習っていない漢字は、ひらがなで書きましょう。）

物語 **たずねびと ⑧**

名前

1

〔一発の爆弾がにぎやかな町も多くの人々も、この世から消してしまった。〕

だけど、あのおばあさんが言っていたように、わたしたちがわすれないでいたら――楠木アヤちゃんが確かにこの世にいて、㋐あの日までここで泣いたり笑ったりしていたこと、そして、ここでどんなにおそろしいことがあったかということ――を㋑ずっとわすれないでいたら、世界中のだれも、二度と同じようなめにあわないですむのかもしれない。

2

メモに書いた「楠木アヤ」という文字を、また指でなぞった。

㋒その名前に、祈念館でめぐり合った子どもたちの顔が、次から次へと重なった。

そして、夢で見失った名前にも、いくつもいくつものおもかげが重なって、わたしの心にうかび上がってきた。

※おもかげ…記おくに残っているすがたや顔つき。

（令和六年度版　光村図書　国語　五　銀河　朽木　祥）

上の1・2の文章を読んで、答えましょう。

1

(1) ㋐あの日とは、どんな日のことですか。○をつけましょう。

（　）おばあさんに会った日

（　）一発の爆弾が落とされた日

(2) わたしは、どんなことを㋑ずっとわすれないでいたらといっていますか。

楠木アヤちゃんが確かに（　　）にいて、あの日までここで（　　）していたこと。そして、ここで（　　）があったかということ

(3) わたしたちが㋑ずっとわすれないでいたら、どうなるといっていますか。

世界中のだれも、（　　）のかもしれない。

2

(1) ㋒その名前とは、どんな名前ですか。○をつけましょう。

（　）楠木アヤ

（　）夢で見失った名前

(2) 夢で見失った名前に、たくさんのおもかげが重なって、どこにうかび上がってきましたか。

物語

チェロの木①

名前

1

「ヤマバトの子どもが鳴いてるね。ぼそぼそと、まだたよりない声だけど、鳥はああやって、(あ)さえずる練習をするんだよ。ぐぜりっていうんだ。」

2

ぐぜりのことを教えてくれたのは、(い)わたしのおじいさんだった。森の木を育てる仕事をしていたんだ。(う)小さいわたしは、おじいさんについて森を歩くのが好きだった。

おじいさんは、わたしが学校に上がる前になくなってしまった。

3

父さんは、バイオリンやチェロを作る仕事をしていた。いつも工房にいて、木をけずったりみがいたりしている、静かな人だった。

4

トウヒ、カエデ、ポプラ——、工房にはいろんな種類の板があった。十年、二十年かけてかわかした板は、みんな楽器の材料だった。そこにはきっと、おじいさんが育てた森の木もあったんだ。

※バイオリン…弦楽器の一つ。

※チェロ…弦楽器の一つ。バイオリンより大きく、いすにすわって、ひざの間にはさむようにして弾く。

※トウヒ…山に生える松の一種。

（令和六年度版　光村図書　国語　五　銀河　いせ　ひでこ）

上の1～4の文章を読んで、答えましょう。

1 鳥の、(あ)さえずる練習のことを、何といいますか。三文字で書きましょう。

2 (1) (い)わたしのおじいさんは、どんな仕事をしていましたか。

（　　　　）仕事

(2) (う)小さいわたしは、どんなことが好きでしたか。一つに○をつけましょう。

（　）おじいさんと鳥を見ること。

（　）おじいさんについて森を歩くこと。

（　）おじいさんと森の木を育てること。

3 (1) 父さんは、どんな仕事をしていましたか。

（　　　　）仕事

(2) 父さんは、どんな人でしたか。

いつも工房にいて、（　　　　）している、（　　　　）人

4 工房にある板は、みんな何の材料でしたか。

物語　チェロの木②

名前

1

ある日、父さんは、できたばかりのチェロをとどけに行くのに、いっしょに来ないかと、わたしをさそった。

(あ)そんなことは初めてだったし、本物のチェリストに会えると聞いて、わくわくした。

前の夜おそくまで、父さんはそのチェロを何度も自分で弾いては、音を確かめていた。

2

チェリストのパブロさんの家は、広い林の中にあった。さっきまで弾いていたのか、古いチェロがいすに立てかけてあった。

父さんのチェロをケースから取り出すと、パブロさんは、低い音から高い音まで、初めはゆっくりと、それから速さを変えて弾き始めた。音階なのに、だんだんそれが曲に聞こえてくるのが(い)不思議だった。

3

やがて、パブロさんは立ち上がって、父さんをだきしめて言った。

「(う)待ったかいがあった。

(え)森が語りかけてくるようだ。」

※チェリスト…チェロの演奏家。
※音階…音を高さの順にならべたもの。例えば、ド・レ・ミ・ファ・ソ・ラ・シ・ド。

（令和六年度版　光村図書　国語　五　銀河　いせ　ひでこ）

上の1～3の文章を読んで、答えましょう。

1

(1) (あ)そんなことは初めてだったとありますが、どんなことが初めてだったのですか。

父さんが、（　　　）をとどけに行くのに、（　　　）と、わたしをさそったこと

(2) 父さんは、いつまで、チェロの音を弾いて確かめていましたか。

（　　　）まで

2

(1) チェリストのパブロさんの家は、どこにありましたか。

(2) どんなことが、(い)不思議だったのですか。

（　　　）なのに、だんだんそれが（　　　）に聞こえてくること

3

(1) (う)待ったかいがあったとは、どんな意味ですか。○をつけましょう。

（　）待っていてよかった。
（　）待たなければよかった。

(2) パブロさんが、(え)森が語りかけてくるようだと、感じたものは何ですか。一つに○をつけましょう。

（　）鳥の声。
（　）森からふく風。
（　）父さんのチェロの音。

物語（ものがたり）

チェロの木③

名前

1

わたしは、よく一人で森に行った。
夏の森はひっそりとして、
静かだけれど、さびしくはない。
あ枝や葉のすき間から、小さな空が
こぼれ落ちる。川の流れが、
空のかけらを浮かべて、
キラキラサラサラと歌う。

2

時おり、低い声で、調子外れの
ヤマバトのぐぜり※が聞こえる。

飛んでいった。

※ぐぜり…鳥がさえずる練習のときの鳴き声。

（令和六年度版　光村図書　国語　五　銀河　いせ　ひでこ）

上の1・2の文章を読んで、答えましょう。

1 (1) 夏の森は、どんな様子ですか。

夏の森は（　　　）として、
（　　　）だけれど、さびしくは
ない。

(2) あ枝や葉のすき間から、小さな空がこぼれ落ちるとは、どんな様子ですか。○をつけましょう。

（　）枝や葉のすき間から、雨のしずくがこぼれ落ちる様子。
（　）枝や葉のすき間から、空が少しだけ見える様子。

…流れる様子を、どのように…ていますか。

…れが（　　　）を
…て、（　　　）
と歌う。

2 (1) いそんなときとは、どんなときですか。

低い（　　　）で、調子外れの
（　　　）が聞こえるとき

(2) いそんなとき、「わたし」は、どんな気がしましたか。

おじいさんが（　　　）
気がした。

物語 チェロの木④

名前

1

パブロさんに二度目に会ったのは、学校の帰り道だった。

外国から帰ってきたのか、チェロと大きなスーツケースを持っていた。

2

あ「い お父さんのチェロは、弾けば弾くほど音が深くなってくる。

わたしまで、昨日より今日のほうが、少しずつ上達しているように感じるんだ。

う 今度の日曜日、教会の演奏会でこのチェロを弾くんだが、お父さんといっしょに来てくれるかい。」

3

え 思いがけないさそいだった。
別れぎわにあくしゅしてくれた手は、
お 大きくてやわらかだった。

※思いがけない…思ってもいなかった。意外な。

（令和六年度版　光村図書　国語　五　銀河　いせ　ひでこ）

上の1〜3の文章を読んで、答えましょう。

1 「わたし」がパブロさんに会ったのは、どこでしたか。

2 (1) あは、だれが言った言葉ですか。○をつけましょう。

（　）パブロさん
（　）お父さん

(2) い お父さんのチェロは、弾けば弾くほどどうなると言っていますか。

弾けば弾くほど
（　　　　）。

(3) う 今度の日曜日、だれが何をしますか。○をつけましょう。

（　）教会の演奏会で、お父さんがチェロを弾く。

（　）教会の演奏会で、パブロさんがお父さんのチェロを弾く。

3 (1) え 思いがけないさそいとは、どんなさそいでしたか。

教会の演奏会に、（　　　　）といっしょに（　　　　）くれるかいという、（　　　　）さんからのさそい

(2) だれの手が、お 大きくてやわらかだったのですか。○をつけましょう。

（　）お父さんの手
（　）パブロさんの手

物語

チェロの木 ⑤

名前

1

日曜日、父さんと母さんと
あ三人で、教会に行った。
祭壇にいすが一つ置かれていた。
伴奏なしで演奏するのだ。

2

パブロさんが、弓を静かに
チェロの上に置いた。低い二本の弦を
同時にひびかせて、バッハの曲が
教会のゆかをふるわせた。
パイプオルガンの音が、束になって
ふってくるような迫力だった。
それから、音は急にほどけるように
明るくなると、天に向かって
かけぬけていった。
い高い音で弓が細かくはねると、
小鳥たちの羽ばたきが
見えるような気がした。

3

チェロもパブロさんも、
曲といっしょにどんどん
自由になって
いくようだった。

※バッハ…昔のドイツの作曲家。
※パイプオルガン…けんばんやペダルで演奏する大型のオルガン。教会に置かれていることが多い。

（令和六年度版　光村図書　国語　五　銀河　いせ　ひでこ）

上の1～3の文章を読んで、答えましょう。

1 (1) あ三人とありますが、だれとだれとだれのことですか。三つに○をつけましょう。

（　）父さん　（　）母さん
（　）パブロさん　（　）わたし

(2) いすにすわって、伴奏なしで演奏するのは、だれですか。

2 (1) パブロさんは、だれの曲を演奏しましたか。

（　　）の曲

(2) パブロさんの演奏は、どんな迫力でしたか。

パイプオルガンの（　　）が、（　　）ような迫力

(3) い高い音で弓が細かくはねると、どのような気がしましたか。

（　　）が、（　　）ような気がした。

3 チェロもパブロさんも、どうなっていくようでしたか。

曲といっしょにどんどん（　　）いくようだった。

物語

チェロの木 ⑥

名前

1

わたしはまばたきをわすれ、
父さんはじっと目をとじていた。
パブロさんのバッハは、
森をわたる風のようだったり、
川の流れのようだったり、
いのりのようだったりした。
言葉では表せないことを
思い起こさせるようだった。

2

ⓐそんなふうに歌うチェロを、
父さんは、工房の木の板から
作り出したのだ。
曲を作った人がいる。
それを演奏する人がいる。
その楽器を作る人がいる。
星がめぐるように、
音楽が、時間をこえて、
ⓘみんなをつなげていた。

（令和六年度版　光村図書　国語　五　銀河　いせ　ひでこ）

上の1・2の文章を読んで、答えましょう。

1 (1) じっと目をとじていたのは、だれですか。○をつけましょう。

（　）わたし
（　）父さん

(2) パブロさんのバッハは、何のようでしたか。

（　　　　）の
ようだったり、
（　　　　）のようだったり、
（　　　　）のようだったりした。
（　　　　）
ことを思い起こさせるようだった。

2 (1) ⓐそんなふうに歌うチェロを、だれが木の板から作り出しましたか。

(2) ⓘみんなとは、どんな人のことですか。文中から三つ書き出しましょう。
（習っていない漢字は、ひらがなで書きましょう。）

（　　　　）人
（それを　　）人
（その　　）人

(3) 何が、時間をこえて、ⓘみんなをつなげていたのですか。

物語 おにぎり石の伝説 ①

名前

1

始まりは、こんな一言だった。
「この石、何だかおにぎりみたい。」
だれが最初にそう言ったのかは
わすれてしまったけれど、
ⓐその一言がきっかけで、空前の
おにぎり石ブームは始まった。

2

ⓘそれは、すべすべした手ざわりの、
小さな三角形の石で、確かに
ぼくの目にも、指先サイズの
小さなおにぎりのように見えた。
黒い油性マジックで、
のりをかき足してみたくなる。

3

おにぎり石の出現は、ある日
とつぜんだった。学校のうら庭に、
じゃりがしかれている場所があり、
そこにあるふつうの石たちにまぎれて、
発見されるようになったのだ。
簡単に見つかるわけではなくて、
集中してさがして、せいぜい
一日一個とか、とても
ラッキーな感じのする、
ⓤいいぐあいの確りつだった。

※空前の…今までに一度もなかったような。
※じゃり…岩石がこなごなになって、丸くなった小石。
※確りつ…ある事がらが起こる割合。見こみ。

（令和六年度版　東京書籍　新編　新しい国語　五　戸森　しるこ）

上の1～3の文章を読んで、答えましょう。

1
(1) ⓐその一言とは、どんな一言ですか。

「この石、何だか（　　　）みたい。」

(2) ⓐその一言がきっかけで、始まったものは何ですか。

空前の（　　　）

2
(1) ⓘそれとは、何を指していますか。○をつけましょう。

（　）おにぎり石
（　）じゃり

(2) おにぎり石について、あてはまるもの二つに○をつけましょう。

（　）すべすべした手ざわり。
（　）大きな三角形の石。
（　）指先サイズ。
（　）のりのような黒いもようがある。

3
(1) おにぎり石は、どこで発見されるようになりましたか。文中から六文字で答えましょう。

□□□□□□

(2) ⓤいいぐあいの確りつとは、どのような確りつですか。

集中してさがして、せいぜい（　　　）とか、とても（　　　）な感じのする確りつ

物語　おにぎり石の伝説②

名前

1

初めは、ぼくのクラス、五年二組の女子の間で、おにぎり石が人気になった。四つ葉のクローバーを見つけるような感覚だ。それでぼくたちも、そのうち何となくつられ始めた。

2

「すべすべしていて、ふつうの石とはちがう気がする。」

「こんな石が自然にできるなんて、不思議だよね。」

「あ見つけた人は、幸せになれるらしいよ。」

3

すると、おにぎり石にまつわる、みょうなうわさ話が聞こえてくるようになった。その昔、あるたんけん家が、なぞの「おにぎり島」から持ち帰った石なのだとか、この学校ができる前、ここには「おにぎりランド」とよばれるテーマパークがあったのだとか、きょうふの「おにぎり大魔王」ののろいの石なのだとか……。数々の「おにぎり石伝説」に、ぼくらはいうっかりうむねをおどらせた。

※みょうな…おかしな。不思議な。

（令和六年度版　東京書籍　新編　新しい国語　五　戸森　しるこ）

上の1～3の文章を読んで、答えましょう。

1 (1) ぼくのクラスは、何年何組ですか。

（　　　　）

(2) 初めは、どんな人たちの間で、おにぎり石が人気になりましたか。

（　　　　）の間

(3) おにぎり石を見つける感覚を、何を見つけるような感覚だといっていますか。

（　　　　）

2 おにぎり石をあ見つけた人は、どうなるらしいと言っていますか。

（　　　　）らしい

3 (1) すると、どんな話が聞こえてくるようになりましたか。

（　　　　）にまつわる、みょうな（　　　　）話

(2) いうっかりとは、どんな意味ですか。○をつけましょう。

（　）完全に。

（　）思わず。つい。

(3) ぼくらは、何にうむねをおどらせたのですか。

数々の（　　　　）

物語

おにぎり石の伝説 ③

名前

1

休み時間になると、みんなでおにぎり石さがしだ。放課後には、クラス内で複数の発くつチームが組まれた。

気がつくと、担任の先生のつくえの上にまで、おにぎり石がかざられている。(あ)大人にまでえいきょうをあたえるおにぎり石はすごい。ぼくたちのおにぎり石熱は、ますます(い)ヒートアップしていく。

2

「聞いた？　青木が見つけたんだって。」

「いいよなあ。ぼくも同じ場所をさがしてたんだけどなあ。」

「見つけられない最後の一人には(う)なりたくないな。」

「それはみじめすぎるよな。」

3

おにぎり石そのもののみりょく以上に、おにぎり石を見つけられたとき、心からうらやましがられる感じが、ぼくたちの気持ちを高まらせていた。

※発くつ…本来は、土の中からほり出すことを意味する。
　ここでは、たくさんの中からさがし出すこと。

（令和六年度版　東京書籍　新編　新しい国語　五　戸森　しるこ）

上の1〜3の文章を読んで、答えましょう。

1

(1) 休み時間になると、みんなで何をしますか。

(2) 放課後には、クラス内で何が組まれましたか。

複数の（　　　　）が組まれた。

(3) (あ)大人にまでえいきょうとありますが、どんなえいきょうがありましたか。○をつけましょう。

（　）担任の先生も発くつチームに参加した。

（　）担任の先生のつくえの上におにぎり石がかざられた。

(4) 何がますます(い)ヒートアップしていきましたか。

ぼくたちの（　　　　）

2 どんな人には(う)なりたくないなと言っていますか。

見つけられない（　　　　）

3 おにぎり石そのもののみりょくよりも、ぼくたちの気持ちを高まらせていたのは、何ですか。

おにぎり石を見つけられたとき、

（　　　　）感じ

物語

おにぎり石の伝説④

名前

1

見つけられたらクラスの人気者。
そして、人生はバラ色だ。
一刻も早くおにぎり石を見つけて、
Ⓐこのゲームからぬけ出さなくちゃならない。そんなふうに、だんだんあせる気持ちが強くなっていく。

2

必死に石をさがしながらも、
ぼくは少しだけⓘもやもやしていた。
いつのまにそんなバトルになってしまったんだろう。初めはこんなはずじゃなかったのに、
どうもおかしい。先生のつくえの上にあるおにぎり石を、
ぼくはⓤ思わずじっとにらんだ。

※一刻も早く…少しの時間でも早く。
※もやもや…気分がすっきりしないこと。

（令和六年度版　東京書籍　新編　新しい国語　五　戸森　しるこ）

上の1・2の文章を読んで、答えましょう。

1 (1) おにぎり石を見つけられたらどうなるのですか。

クラスの（　　　　）。
そして、人生は（　　　　）だ。

(2) Ⓐこのゲームとは、どんなゲームですか。

一刻も早く（　　　　）を
見つけるゲーム

(3) Ⓐこのゲームのことで、ぼくはどんな気持ちが強くなっていきましたか。一つに○をつけましょう。

（　）わくわくする気持ち。
（　）だんだんあせる気持ち。
（　）なんだか悲しい気持ち。

2 (1) ⓘもやもやして、ぼくが思ったことを書きましょう。

いつのまに（　　　　）
んだろう。初めは（　　　　）
のに、どうも（　　　　）。

(2) ぼくが、ⓤ思わずじっとにらんだものは、何ですか。

先生の（　　　　）の
上にある（　　　　）

物語

おにぎり石の伝説 ⑤

名前

1

そんなある日、じゅくで最近仲良くなった一成から、

「真のクラス、なんだかちょっと変じゃない？うら庭に何かあるの？」

と聞かれた。一成はとなりのクラス、五年一組だ。ぼくはぎょっとしてしまった。

2

なぜかというと、おにぎり石さがしは、ⓐぼくたちのクラスげん定のブームでなくてはいけないからだ。もしもほかのクラスの連中までさがし始めてしまったら、見つけられる可能性は、うんと低くなってしまう。だから、ほかのクラスにはひみつという、暗もくのルールがあった。

そこでぼくは平静をよそおって、別に何もないと答えた。

「だけど、クラス全員で、何かにとりつかれている感じがするぞ。」

3

実は今日の休み時間に、ぼくは初めておにぎり石を手に入れたところだった。すごくうれしかったし、ⓘかなりほっとした。それで、正直なところ、ぼくはおにぎり石を自まんしたい気持ちでいっぱいだった。

※可能性…そうすることができる見こみ。
※暗もく…口にださないで、だまっていること。
※平静…態度や気持ちが落ち着いていること。

（令和六年度版　東京書籍　新編　新しい国語　五　戸森　しるこ）

上の1〜3の文章を読んで、答えましょう。

1 ぼくから見て、一成は、どんな人物ですか。二つに○をつけましょう。

（　）昔からの友だち。
（　）じゅくで最近仲良くなった。
（　）今年から同じクラスになった。
（　）となりの五年一組の人。

2 (1) 何が、ⓐぼくたちのクラスげん定のブームでなくてはいけないのですか。

(2) おにぎり石さがしが、ⓐぼくたちのクラスげん定のブームでなくてはいけないのは、なぜですか。

もしもほかのクラスの連中まで（　）しまったら、（　）可能性は、うんと（　）なってしまうから

3 (1) なぜ、ぼくは、ⓘかなりほっとしたのですか。

今日の（　）に、ぼくは（　）おにぎり石を（　）ところだったから

(2) おにぎり石を手に入れたぼくは、正直なところ、どんな気持ちでいっぱいでしたか。

（　）気持ち

物語

おにぎり石の伝説 ⑥

名前

1

一成は口が固そうだし、クールな男だから、おにぎり石ブームには、(あ)きょう味をしめさないだろう。それに、ほかのクラスのやつがおにぎり石を見たときに、いったいどういう反のうをするか、(い)ちょっと気になった。

(う)この石は本当に、そんなにかちのあるものなのだろうか。それで、ぼくはおにぎり石をポケットから出して、一成に見せることにした。

「実は、みんなで(え)これをさがしているんだ。貴重なんだぞ。伝説のおにぎり石だ。」

2

石にまつわる伝説を三つほど語り終えたところで、一成がとつぜん、

「ぷっ。」と

ふき出したから、ぼくは(お)むっとした。

「何で笑うんだよ?」

(か)「ごめん。とりあえず、明日の放課後、うちに来てもらってもいいかな。話はそれからだ。」

意味が分からない。

※かち…そのものがどのくらい重要か、という度合い。値打ち。

（令和六年度版　東京書籍　新編　新しい国語　五　戸森　しるこ）

上の1・2の文章を読んで、答えましょう。

1

(1) 一成は、おにぎり石ブームに(あ)きょう味をしめさないだろうと、ぼくが思ったのは、なぜですか。

一成が（　　　　）男だから

(2) ぼくが、(い)ちょっと気になったのは、どんなことですか。

（　　　　）のやつが
おにぎり石を見たときに、
（　　　　）ということ

(3) (う)この石は本当に、そんなにかちのあるものなのだろうか。とは、だれの思いですか。○をつけましょう。

（　）一成　（　）ぼく

(4) (え)これとは、何を指していますか。

[　　　　　　　　]

2

(1) ぼくが(お)むっとしたのは、なぜですか。

（　　　　）がとつぜん、（　　　　）から

(2) (か)の言葉は、だれが言った言葉ですか。○をつけましょう。

（　）一成　（　）ぼく

詩

かんがえるのって　おもしろい

名前

かんがえるのって　おもしろい

谷川　俊太郎

1

あ かんがえるのって　おもしろい
どこかとおくへ　いくみたい
しらないけしきが　みえてきて
そらのあおさが　ふかくなる
このおかのうえ　い このきょうしつは
みらいにむかって　とんでいる

2

なかよくするって　ふしぎだね
う けんかするのも　いいみたい
しらないきもちが　かくれてて
まえよりもっと　すきになる
このおかのうえ　え このがっこうは
みんなのきもちで　そだってく

(令和六年度版　光村図書　国語　五　銀河　谷川　俊太郎)

上の詩を読んで、答えましょう。

1

(1) あ かんがえるのって　おもしろいとありますが、「かんがえる」ことをどうするみたいだといっていますか。1のところから一行を書き出しましょう。

(2) 「どこかとおくへ　いく」と、どうなるといっていますか。

(　　　　)が　みえてきて

(　　　　)が　ふかくなる

(3) い このきょうしつは、どこにむかってとんでいるのですか。

2

(1) う けんかするのも　いいみたいとありますが、「いい」というわけが書いてある二行を、2のところから書き出しましょう。

(2) え このがっこうは、どうなるといっていますか。

(　　　　)で　そだってく

かぼちゃのつるが

名前

かぼちゃのつるが

原田 直友

かぼちゃのつるが
はい上がり
はい上がり
葉をひろげ
葉をひろげ
はい上がり
葉をひろげ
細い先は
竹をしっかりにぎって
屋根の上に
はい上がり
短くなった竹の上に
はい上がり
㋐小さなその先端は
いっせいに
赤子のような手を開いて
ああ 今
空をつかもうとしている

（令和六年度版 光村図書 国語 五 銀河 原田 直友）

上の詩を読んで、答えましょう。

(1) 上の詩で、何回もくり返されている言葉を書き出しましょう。

① 五回くり返されている言葉（五文字）

② 三回くり返されている言葉（五文字）

(2) くり返しの表現から、かぼちゃのつるがどのような様子だと分かりますか。一つに○をつけましょう。

（　）しっかり竹をにぎる様子。
（　）のびて広がり続けていく様子。
（　）緑の葉が美しい様子。

(3) 「かぼちゃのつるが」どこにはい上がっていますか。文中から二つ書き出しましょう。

(4) かぼちゃのつるの㋐小さなその先端を、何にたとえて書いていますか。

（　）のような（　）

(5) ㋐小さなその先端は、いっせいに、今、何をしようとしていますか。

今（　）としている

詩

われは草なり

名前

われは草なり

高見 順

第一連

われは草なり
伸びんとす
伸びられるとき
伸びんとす
伸びられぬ日は
伸びぬなり
伸びられる日は
伸びるなり

第二連

われは草なり
緑なり
全身すべて
緑なり
毎年かはらず
緑なり
緑の己に
あきぬなり

第三連

われは草なり
緑なり
緑の深きを
願ふなり

第四連

ああ　生きる日の
美しさ
ああ　生きる日の
楽しさよ
われは草なり
生きんとす
草のいのちを
ⓐ生きんとす

※われ…自分を指す言葉。
※己…自分自身のこと。
※生きんとす…生きようとする。

（令和六年度版　光村図書　国語　五　銀河　高見　順）

上の詩を読んで、答えましょう。

(1) この詩は、何連でできていますか。漢数字で書きましょう。

（　　）連

(2) すべての連の中で、くり返し出てくる一行があります。詩の中から書き出しましょう。

(3) 第一連に出てくる次の言葉は、どんな意味ですか。合うものを——線で結びましょう。

● 伸びんとす　・　　・ 伸びない
● 伸びられる　・　　・ 伸びることができる
● 伸びぬ　・　　・ 伸びようとする

(4) 第二連と第三連で、くり返し出てくる一行があります。あわせて四回詩の中から書き出しましょう。

(5) 第四連で、作者は「ああ」と何に感動していますか。二つ書きましょう。

生きる日の［　　　］

生きる日の［　　　］よ

(6) ⓐ生きんとすとありますが、「われ」は何を生きようとしているのですか。

詩

ぼくらのもの ①

名前

ぼくらのもの

与田 準一

大きくなったら
なにになるんだ、
㋐そう聞かれたが
まだわからない。
波がさわぐ
㋑波止場に立って、
どこへだって
自由に船出できる㋒朝の
㋓海にあふれるきらめき。
そうなんだ、
㋔わかってる、
それだけはぼくらのもの
ぼくらのものだ。

※波止場…船着き場。港。

（令和六年度版 東京書籍 新編 新しい国語 五 与田 準一）

上の詩は「ぼくらのもの」という詩の第一連です。読んで、答えましょう。

(1) ㋐そう聞かれたとありますが、どんなことを聞かれたのですか。詩の中の二行を書き出しましょう。

(2) ㋐そう聞かれたことの答えは、何といっていますか。詩の中の一行を書き出しましょう。

(3) どんな様子の㋑波止場に立っているといっていますか。

（　　　　）波止場

(4) ㋒朝は、どんなことができる朝だといっていますか。

（　　　　）朝

(5) そんな朝の㋓海には、何があふれているといっていますか。

(6) ㋔わかってるのは、どんなことですか。詩の中の二行を書き出しましょう。

詩

ぼくらのもの ②

名前

大きくなったら
なにになるんだ、
そう聞かれたが
まだわからない。
風がはしる
広場のⓐはての、
ちからづよく
しっかり枝を交すⓘ森に
星があんなにゆれている。
そうなんだ、
ⓤわかってる、
あれだけはぼくらのもの
ぼくらのものだ。

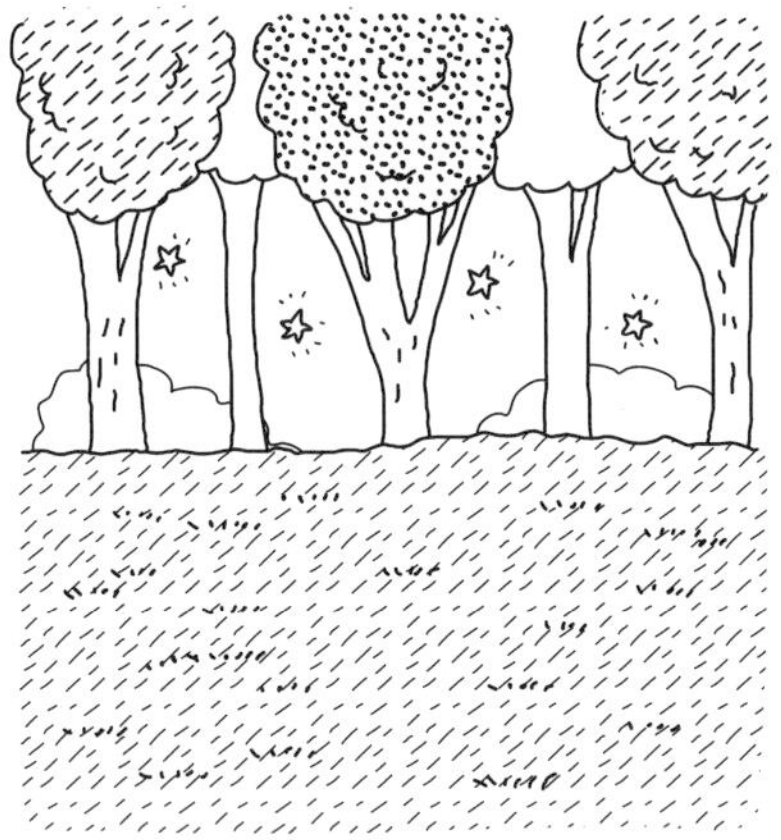

（令和六年度版　東京書籍　新編　新しい国語　五　与田　準一）

上の詩は「ぼくらのもの」という詩の第二連です。読んで、答えましょう。

(1) 第二連の最初の一文は、第一連と同じ文がくり返されています。最初の一文をすべて書き出しましょう。

(2) ⓐはてとは、どんな意味ですか。○をつけましょう。
（　）入り口
（　）いちばんはし

(3) ⓘ森は、どこにあるといっていますか。
（　　）がはしる（　　）のはて

(4) ⓘ森は、どんな森だといっていますか。
（　　）づよく
しっかり（　　）森

(5) そんな森に、何がゆれているといっていますか。

(6) 上の詩の中で二回くり返されている言葉は何ですか。六文字で答えましょう。

詩
未知へ

名前

未知へ

木村　信子

1

わたしが響いている
透明な殻の中で響いている
ありったけ響いている
外はもうすぐ春らしい

2

わたしが響いている
痛いほど響いている
あふれるほど響いている
㋐もうすぐわたしは割れるのだ

3

わたしが響いている
おもてへこだまして響いている
まだ見たこともない山へ胸をときめかせて
わたしが響いている

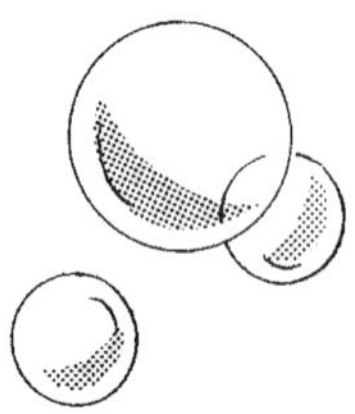

※未知…まだ知らないこと。
※ありったけ…あるだけ全部。
※こだま…声や音が、山や谷などにぶつかり、はね返って聞こえること。山びこ。

（令和六年度版　東京書籍　新編　新しい国語　五　木村　信子）

上の詩を読んで、答えましょう。
（習っていない漢字は、ひらがなで書きましょう。）

(1) この詩は、何連からできていますか。漢数字で書きましょう。

（　　）連

(2) すべての連でくり返されている一行を書きましょう。

1～3のところを読んで、答えましょう。
（習っていない漢字は、ひらがなで書きましょう。）

1 (1) わたしは、どこで響いていますか。

(2) 外の季節は、いつごろですか。○をつけましょう。

（　）春の終わり
（　）冬の終わり

2 ㋐もうすぐ、わたしはどうなるといっていますか。三文字で書き出しましょう。

3 わたしは、どんなものへ胸をときめかせて響いているのですか。十文字で書き出しましょう。

（　　　　　　　　　　）へ

詩 好きな詩のよさを伝えよう「するめ」「土」

名前

1

するめ

まど・みちお

あとうとう
やじるしに　なって
いきいている
うみは
あちらですかと…

※するめ…イカを開いて内臓などを取りのぞき、日光や風に当てて、ほした食品。

2

土

三好　達治

蟻が
蝶の羽をひいて行く
ああ
うヨットのやうだ

上の1の詩を読んで、答えましょう。

(1) あとうとうとは、どんな意味を表していますか。○をつけましょう。

(　)ついに　(　)すぐに

(2) イカが「するめ」になったことを、この詩では、何になったと表現していますか。詩の中の言葉四文字で答えましょう。

(3) どんなことを、いきいているのですか。詩の中から九文字で書き出しましょう。

上の2の詩を読んで、答えましょう。

(1) うヨットのやうだとたとえているのは、何がどうする様子ですか。(習っていない漢字は、ひらがなで書きましょう。)

(　　)が(　　)を ひいて行く様子

(2) 作者がうヨットのやうだという様子は、どこに見えたものでしたか。一つに○をつけましょう。

(　)海の上。
(　)土の上。
(　)ありの巣の中。

(令和六年度版　光村図書　国語　五　銀河「好きな詩のよさを伝えよう」による)

好きな詩のよさを伝えよう

詩「一ばんみじかい抒情詩」「風をみた人はいなかった」

名前

1

一ばんみじかい抒情詩

寺山　修司

なみだは
にんげんのつくることのできる
一ばん小さな
(あ)海です

上の1の詩を読んで、答えましょう。

(1) (あ)海ですとありますが、何を海にたとえていますか。詩の中の言葉三文字で答えましょう。

(2) この詩は、どんなものを表した詩ですか。一つに○をつけましょう。

（　）目の前に起こった出来事。
（　）自然の景色。
（　）人の感情。

2

風をみた人はいなかった

岸田　衿子

風をみた人はいない
風のとおったあとばかり(い)見えた
風のやさしさも　怒りも
(う)砂だけが教えてくれた

上の2の詩を読んで、答えましょう。

(1) どんな人はいなかったといっていますか。

（　　　）人

(2) 何ばかりが(い)見えたのですか。

（　　　）ばかり

(3) (う)砂だけが教えてくれたことは、何ですか。詩の中から二つ書き出しましょう。（習っていない漢字は、ひらがなで書きましょう。）

（令和六年度版　光村図書　国語　五　銀河　「好きな詩のよさを伝えよう」　による）

詩 季節の足音 春 「春の河」「ガラス窓の向うで」

名前

1

春の河

山村暮鳥

たっぷりと
春は
小さな川々まで
あふれてゐる
あふれてゐる

2

ガラス窓の向うで

立原道造

ガラス窓の向うで
朝が
小鳥とダンスしてます
お天気のよい青い空

（令和六年度版 東京書籍 新編 新しい国語 五「季節の足音 春」による）

上の1の詩を読んで、答えましょう。

(1) 春は、どのくらいあふれていますか。詩の中の言葉で答えましょう。

（　　　　）と
あふれてゐる

(2) 春は、どんなところまで、あふれていると いっていますか。

（　　　　）川々まで
あふれてゐる

上の2の詩を読んで、答えましょう。

(1) 詩の中で、何が何とダンスをしていますか。

（　　　）が（　　　）と
ダンスしてます

(2) どこでダンスをしていますか。
（習っていない漢字は、ひらがなで書きましょう。）

(3) どんなお天気の朝ですか。一つに○をつけましょう。

（　）雨
（　）くもり
（　）晴れ

詩 季節の足音 夏
「積乱雲」／短歌

名前

1

積乱雲

大越 桂

ぐんぐんそだつ
ぐんぐんのびる
夏の雲
そんなふうに
あいきおいよく
生きてみたい

上の1の詩を読んで、答えましょう。

(1) 「ぐんぐんそだつ」、「ぐんぐんのびる」ものは何ですか。詩の中の言葉三文字で答えましょう。

(2) あいきおいよくと同じ意味の言葉を詩の中の言葉四文字で答えましょう。

2

最上川の上空にして いのこれるは
いまだうつくしき虹の断片

斎藤 茂吉

※いまだ…今になっても。まだ。
※断片…きれぎれになったものの一つ。切れはし。

（令和六年度版 東京書籍 新編 新しい国語 五 「季節の足音 夏」による）

上の2の短歌を読んで、答えましょう。

(1) い残れるはとは、「残っているものは」という意味です。残っているものは何ですか。○をつけましょう。

（　）最上川の水
（　）虹の断片

(2) どこに残っているのですか。短歌の中の言葉六文字で答えましょう。

(3) 虹の断片のことを、どのようにいっていますか。短歌の中の言葉で答えましょう。

いまだ［　］

季節の足音 秋
詩「落葉」／俳句

名前

1

落葉

はたち よしこ

樹は
つかわなくなったものを
なぜ
こんなに 美しくしてから
あ手ばなすのだろう
燃えるように いかがやかせて

※樹…立っている木。

2

こんなよい月を一人で見て寝る

尾崎 放哉

上の1の詩を読んで、答えましょう。

(1) 詩の中で、「落葉」をどんな言葉で言いかえていますか。十文字で書き出しましょう。

(2) あ手ばなすとは、何がどうすることを表していますか。○をつけましょう。

（　）木が葉を落とすこと。
（　）人間が葉をつみとること。

(3) いかがやかせてとありますが、どのようにかがやかせていますか。

上の2の俳句を読んで、答えましょう。

(1) この俳句は、どのような音でできていますか。一つに○をつけましょう。

（　）五・七・五の音
（　）五・七・七の音
（　）五・七・四の音

(2) この俳句の作者が、一人で見ているものは、どんなものですか。俳句の中の言葉六文字で答えましょう。

（令和六年度版　東京書籍　新編　新しい国語　五「季節の足音　秋」による）

詩 季節の足音 冬

「草が枯れるのは」／短歌

名前

1

草が枯れるのは

岸田 衿子

草が枯れるのは
大地に別れたのではなく
ⓐめぐる季節に　やさしかっただけ
つぎの季節と　むすばれただけ

上の1の詩を読んで、答えましょう。

(1) 季節がⓐめぐるとは、どんな意味ですか。○をつけましょう。

（　）季節が回って、またもとにもどること。

（　）季節がずっと変わらないこと。

(2) 詩の中で、草が枯れるのは、どういうことといっていますか。二つ書きましょう。

（　　）季節に（　　）だけ

（　　）季節と（　　）だけ

2

おりたちて今朝の寒さをⓘ驚きぬ
露しとしとと柿の落葉深く

伊藤 左千夫

上の2の詩を読んで、答えましょう。

(1) ⓘ驚きぬとは、「驚いた」という意味です。作者は、何に驚いたのですか。短歌の中の言葉五文字で答えましょう。

(2) どんなところに露がついているといっていますか。

柿の（　　）

(3) 露がついている様子を、どんな言葉で表していますか。短歌の中の言葉四文字で答えましょう。

（令和六年度版　東京書籍　新編　新しい国語　五「季節の足音　冬」による）

伝記　宮沢賢治　①

名前

1

「ざしき童子のはなし」という短い童話がある。だれもいない家の中で、ほうきを使う音が聞こえてきたり、子どもたちが遊んでいると、いつのまにか一人増えていたりする話だ。こんな㋐そぼくな話でも、幸せをよぶざしき童子に住みついてほしいと願う㋑農民の思いがいきいきと伝わってくる。

2

「グスコーブドリの伝記」には、だれもが幸せになれる理想社会を願って、自分がそのぎせい者になろうとするブドリのすがたがえがかれている。㋒それは、教師をやめ、きびしい生活に苦しむ農民のために働きたいと思い続けた賢治のあこがれの生活であった。

（令和六年度版　東京書籍　新編　新しい国語　五　西本鶏介）

上の1・2の文章を読んで、答えましょう。

1

(1) 何という題名の童話について説明していますか。

（　　　　）

(2) ㋐そぼくとは、どんな意味ですか。○をつけましょう。

（　）かざりけがなく、自然のままであること。

（　）不思議で、なぞが多いということ。

(3) ㋑農民の思いとは、どんなものですか。

（　　　）をよぶ（　　　）に住みついてほしいと願うもの

2

(1) 何という題名の童話について説明していますか。

（　　　　）

(2) ㋒それとは、どんなものを指しますか。

だれもが（　　　）になれる
（　　　）社会を願って、自分が
その（　　　）になろうとする
ブドリのすがた

(3) 賢治は、どのようにしたいと思い続けたのですか。

（　　　）をやめ、きびしい生活に
苦しむ（　　　）のために
（　　　）と思い続けた。

伝記 **宮沢賢治 ②**

名前

1

ねこやかっこうやたぬきや
野ねずみたちの協力によって、
満足な演奏をすることができた
「セロ弾きのゴーシュ」は、
動物に人間以上の愛情を
感じることのできた
㋐賢治ならではの童話である。

2

そんな動物たちの命を何とも
思わず、自分の飼い犬さえも
物としか見ることのできない
都会のしんし。うわべだけは
気取っていても、自分では
何もできないおく病者。
㋑そういう人間を、
はらはらどきどきする
不思議さで㋒こらしめたのが、
「注文の多い料理店」である。

※うわべ…外から見た感じ。見かけ。

（令和六年度版　東京書籍　新編　新しい国語　五　西本鶏介）

上の1・2の文章を読んで、答えましょう。
（習っていない漢字は、ひらがなで書きましょう。）

1

(1) 何という題名の童話について説明していますか。

［　　　　］

(2) ㋐賢治ならではのこととは、どんなことですか。

（　　　　）に人間以上の
（　　　　）を感じることができたこと

2

(1) ㋑そういう人間にあてはまるもの二つに○をつけましょう。

（　）動物たちの命を何とも思わない。
（　）自分の飼い犬だけは大事にする。
（　）うわべは気取っていない。
（　）自分では何もできないおく病者。

(2) ㋒こらしめたとは、どんな意味ですか。○をつけましょう。

（　）二度と悪いことをしないように、きびしくばつをあたえた。
（　）りっぱな行いに、ほうびをあたえた。

(3) ㋑そういう人間を、どんなもので㋒こらしめたのですか。

（　　　　）さ
（　　　　）する

(4) 2の文章では、何という題名の童話について説明していましたか。

［　　　　］

説明文

言葉の意味が分かること①

名前

1

㋐知らない言葉に出会ったとき、あなたはどうしますか。国語辞典を引いたり、人にきいたりするでしょう。そして、「言葉の意味が分かった。」と思うかもしれません。しかし、このとき本当に言葉の意味が分かったのでしょうか。

2

「言葉の意味が分かる」ことは、あなたが思う以上に㋑おく深いことです。なぜなら、言葉の意味には広がりがあるからです。㋒このことを知っておくことは、言葉を学ぶときに役立ち、ふだん使っている言葉やものの見方を見直すことにもつながります。

3

それでは、言葉の意味に広がりがあるとは、どういうことなのでしょうか。㋓小さな子どもに言葉を教える例をもとに、考えてみましょう。

※おく深い…深い意味がある。

（令和六年度版　光村図書　国語　五　銀河　今井　むつみ）

上の1～3の文章を読んで、答えましょう。

1 ㋐知らない言葉に出会ったとき、どんなことをすると書いてありますか。二つに○をつけましょう。

（　）国語辞典を引く。

（　）ためしに使ってみる。

（　）人にきく。

2 (1) ㋑おく深いこととありますが、筆者はどんなことについて、おく深いといっていますか。

（　　　　　　　　）こと

(2) ㋒このこととは、どんなことを指しますか。

（　　　　　　）には（　　　　　　）があること

(3) 言葉の意味に広がりがあると知っておくと、どんなよいことがあるといっていますか。二つに○をつけましょう。

（　）国語辞典がいらなくなる。

（　）言葉を学ぶときに役立つ。

（　）使っている言葉やものの見方を見直すことにつながる。

3 ㋓小さな子どもに言葉を教える例をもとに、筆者はどんな問いについて考えようとしていますか。

（　　　　　　　　）とは、どういうことなのでしょうか。

説明文

言葉の意味が分かること ②

名前

1

あなたが、(あ)小さな子どもに「コップ」の意味を教えるとしたら、どうしますか。言葉でくわしく説明しても、子どもはその説明に出てくる言葉を知らないかもしれません。「実物を見せればいい。」と思う人もいるでしょう。

2

しかし、コップには、色や形、大きさなど、さまざまなものがあります。(い)持ち手の付いた小さい赤いコップと、持ち手のない大きなガラスのコップ、どちらをコップとして見せればよいでしょうか。また、コップのような形をしていても、花びんとして作られたものがあるかもしれません。スープを入れる皿にも、コップに似たものがありそうです。(う)そう考えると、使い方も理解してもらわなければなりません。

※持ち手…器具を持つためについている取っ手。

(令和六年度版　光村図書　国語　五　銀河　今井　むつみ)

上の1・2の文章を読んで、答えましょう。

1　(あ)小さな子どもに「コップ」の意味を教えるために考えられることとして、筆者はどんな方法をしめしていますか。二つ書きましょう。

（　　　　）説明する方法

（　　　　）を見せる方法

2

(1)　(い)持ち手の付いた小さい赤いコップと、持ち手のない大きなガラスのコップは、何の例ですか。

コップには、（　　）や（　　）、（　　）など、さまざまなものがあることの例

(2)　(う)そう考えると　とありますが、筆者はどんなことを考えたのですか。二つ書きましょう。

コップのような形をしていても、（　　　　）があるかもしれないこと

（　　　　）にも、コップに似たものがありそうなこと

(3)　(え)そう考えると、コップの何について理解してもらわなければならないのですか。

コップの（　　　　）

説明文

言葉の意味が分かること ③

名前

1

ここから分かるように、あ「コップ」という一つの言葉が指すものの中にも、色や形、大きさ、使い方など、さまざまな特徴をもったものがふくまれます。つまり、「コップ」の意味には広がりがあるのです。また、いその広がりは、「皿」「わん」「湯のみ」「グラス」「カップ」といった他の食器や、「花びん」のような他の似たものを指す言葉との関係で決まってくるのです。

2

一つの言葉がどこまで使えるのか、全ての事物を見て、確かめることはできません。だから、小さな子どもは、限られた例をもとに、う言葉の意味のはんいを自分で考え、使っていきます。えこれは、かんたんなことではありません。そのため、うまくいかなくて、よくおもしろいまちがいをします。

※はんい…あるところからあるところまでの限られた広がり。

（令和六年度版　光村図書　国語　五　銀河　今井　むつみ）

上の1・2の文章を読んで、答えましょう。

1

(1) あ「コップ」という一つの言葉が指すものの中には、何をもったものがふくまれますか。

（　　）や（　　）、（　　）、
（　　）など、さまざまな
特徴をもったもの

(2) いその広がりとありますが、何に広がりがあるのですか。

「コップ」の（　　）

(3) うその広がりは、何との関係で決まってくるものですか。

「皿」など他の（　　）や、
「花びん」のような他の（　　）を指す
（　　）との関係

2

(1) え言葉の意味のはんいとは、どういうことをいっていますか。

一つの言葉が（　　）ということ

(2) えこれとは、どんなことを指していますか。

小さな子どもは、（　　）をもとに、
（　　）を自分で考え、使っていくこと

説明文

言葉の意味が分かること ④

名前

1

あるとき、㋐こんな言いまちがいに出会いました。

「歯でくちびるをふんじゃった。」

この子は、「歯でくちびるをかんじゃった。」と言いたかったのです。それなのに、どうしてこんな言いまちがいをしたのでしょうか。

2

よく考えてみると、「ふむ」も「かむ」も、「あるものを上からおしつける動作」なので、似た意味の言葉であるといえます。

㋑おそらく、㋒この子は、「かむ」という言葉を知らず、その代わりに、似た場面で覚えた「ふむ」を使ったのでしょう。

3

つまり、この㋓言いまちがいの原因は、自分が覚えた言葉を、別の場面で使おうとしてうまくいかなかったことといえます。言葉の意味のはんいを広げすぎたのです。

（令和六年度版　光村図書　国語　五　銀河　今井　むつみ）

上の1～3の文章を読んで、答えましょう。

1 ㋐こんな言いまちがいとは、どんな言いまちがいですか。

「歯でくちびるを（　　　　）。」と言いたかったのに、「歯でくちびるを（　　　　）。」と言ってしまったというまちがい

2 (1) ㋑おそらくとは、どんな意味ですか。〇をつけましょう。

（　）たぶん

（　）おそくても

(2) 「ふむ」と「かむ」という言葉は、どのような言葉であるといえますか。

（　　　　）の言葉

(3) ㋒この子が知っている言葉と、知らなかった言葉は、何だと筆者は考えていますか。「ふむ」か「かむ」のどちらかを書きましょう。

知っている言葉…（　　　　）

知らなかった言葉…（　　　　）

3 ㋓言いまちがいの原因とは何ですか。文中から書き出しましょう。

（　　　　）としてうまくいかなかったこと

説明文

固有種が教えてくれること①

名前

1

資料2を見てください。アマミノクロウサギの生息する㋐南西諸島は、更新世前期に大陸から切りはなされて島になりました。

資料2：日本列島の成り立ち

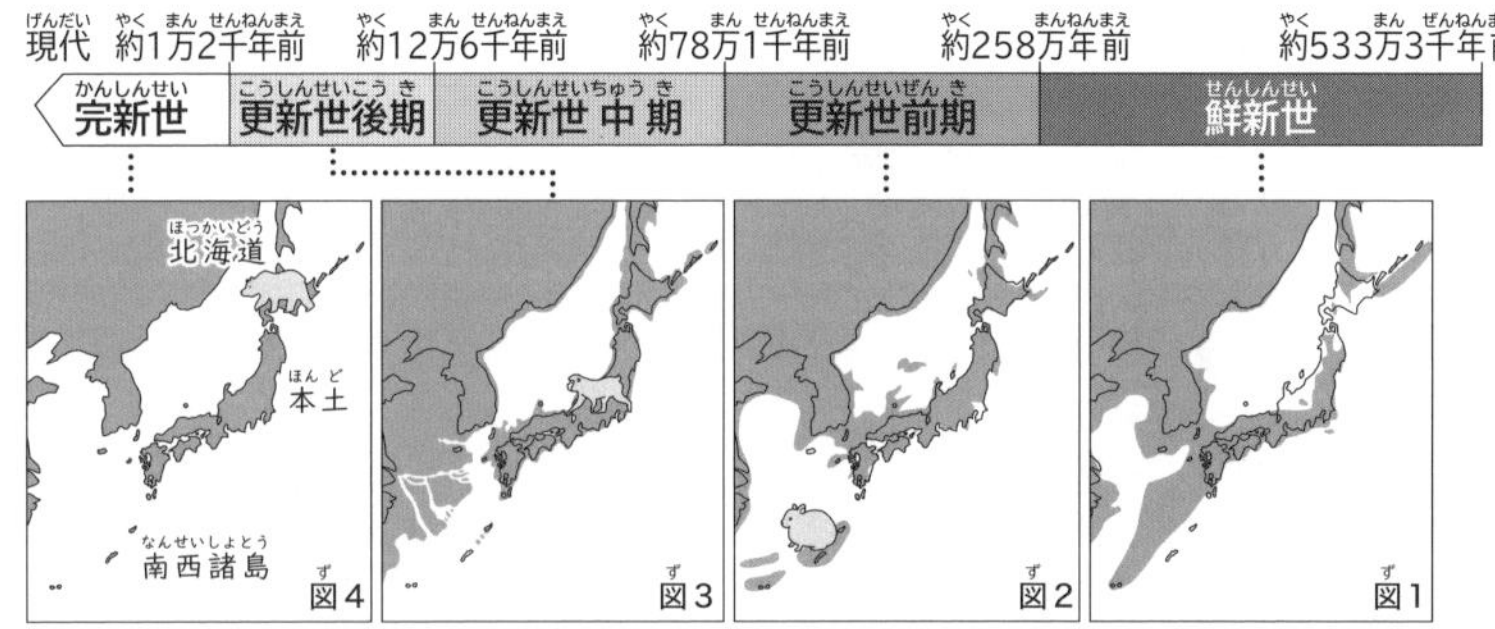

2

アマミノクロウサギは、そのずっと以前に大陸からわたってきた古い種です。㋑大陸では、その後もっと進化したウサギが栄えたためにほろび、アマミノクロウサギは、南西諸島の奄美大島と徳之島でだけ生き残ったというわけです。

3

このように、他の地域と分断されることによって、固有種は生まれるのです。同じように、本土にはニホンザルなど、主に更新世中期のものが生き残り、固有種になっています。

※固有種…特定の国や地域にしかいない動植物のこと。
※更新世…地質時代の区分の一つ。

(令和六年度版　光村図書　国語　五　銀河　今泉　忠明)

上の1～3の文章を読んで、答えましょう。

1

(1) ㋐南西諸島には、何という動物が生息しているといっていますか。

(2) ㋐南西諸島が、大陸から切りはなされて島になったのはいつですか。

更新世（　　　）

2

(1) アマミノクロウサギは、いつ大陸からわたってきた種ですか。○をつけましょう。

（　）更新世前期よりずっと以前。
（　）更新世前期よりあと。

(2) ㋑大陸では、現在、アマミノクロウサギは生息していますか。○をつけましょう。

（　）生息している。
（　）ほろんで、生息していない。

3

(1) 固有種は、どうなることによって生まれるのですか。
(習っていない漢字は、ひらがなで書きましょう。)

（　　　）こと

(2) 本土には、何という動物が生き残り、固有種になっていますか。文中から書き出しましょう。

説明文

固有種が教えてくれること ②

名前

1

北海道が大陸とはなれたのは、完新世とよばれる、比較的新しい時代です。ですから、本土に比べて固有種が少なく、ヨーロッパまで分布しているヒグマなど、大陸と同じ種がたくさんすんでいます。あイギリスは、さらに新しい時代に大陸から分かれたために、固有種がいないのです。

資料2：日本列島の成り立ち

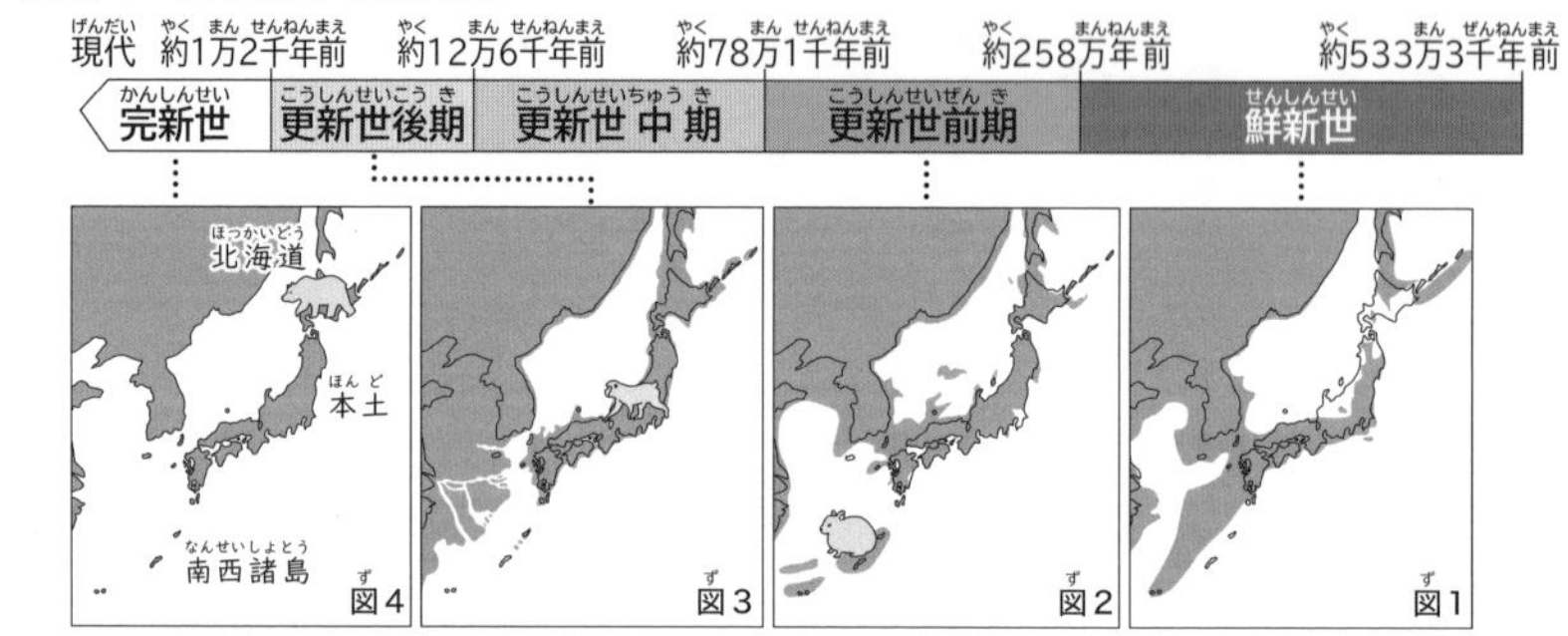

2

このようなことから、日本列島には数百万年前に出現したものをはじめ、さまざまな時代から生き続けているほ乳類が見られ、そのほぼ半数が固有種なのです。

※完新世…「更新世」と同様に、地質時代の区分の一つ。
※比較的…他のものと比べて。わりあいに。
（＊「日本」は「にほん」とも読みます。）

（令和六年度版　光村図書　国語　五　銀河　今泉　忠明）

上の1・2の文章を読んで、答えましょう。

1

(1) 完新世とよばれる時代に大陸とはなれたのは、どこですか。

(2) 完新世は、どんな時代といっていますか。

比較的（　　）時代

(3) 北海道の説明として、正しいものを二つ選んで〇をつけましょう。

（　）本土に比べて固有種が少ない。
（　）ヒグマはすんでいない。
（　）大陸と同じ種が多くすんでいる。

(4) あイギリスに、固有種がいないのはなぜですか。

さらに（　　）に
大陸から（　　）ため

2

(1) 日本列島には、どのようなほ乳類が見られますか。

（　　）したものをはじめ、
（　　）いるほ乳類

(2) 日本列島のほ乳類は、どのくらいの数が固有種なのですか。

説明文

固有種が教えてくれること ③

名前

1

では、このさまざまな動物たちが何万年も生き続けることができたのは、なぜでしょう。
それは、日本列島が南北に長いため、寒い地域からあたたかい地域までの㋐気候的なちがいが大きく、㋑地形的にも、平地から標高三千メートルをこす山岳地帯まで変化に富んでいるからです。そのおかげで、さまざまな動物たちがくらせる、豊かで多様な環境が形づくられたのです。

2

㋒日本にやって来た動物たちは、それぞれ自分に合った場所を選んだことで、生きぬくことができたのでしょう。そして、その場所は、今日まで長く保たれてきました。固有種が生き続けていくためには、この豊かな環境が㋓保全される必要があるのです。

（＊「日本」は「にほん」とも読みます。）

（令和六年度版　光村図書　国語　五　銀河　今泉　忠明）

上の1・2の文章を読んで、答えましょう。

1

(1) 日本列島の、㋐気候的なちがいが大きいのはなぜですか。

日本列島が（　　　　）ため

(2) 日本列島の、㋑地形的な特徴とは、どんなことですか。

平地から標高三千メートルをこす山岳地帯まで

（　　　　）こと

(3) 気候的なちがいや、地形的な特徴のおかげで、日本列島にはどんな環境が形づくられましたか。

（　　　　）がくらせる、

（　　　　）環境

2

(1) ㋒日本にやって来た動物たちは、それぞれどんな場所を選んだことで、生きぬくことができたのですか。

（　　　　）場所

(2) ㋓保全とは、どんな意味ですか。○をつけましょう。

（　）変わらないようにして守ること。

（　）よりよく変えていくこと。

(3) 固有種が生き続けていくためには、何が保全される必要があるのですか。（習っていない漢字は、ひらがなで書きましょう。）

この（　　　　）

説明文

固有種が教えてくれること④

名前

1

では、現状はどうでしょうか。明治時代以降、人間の活動が活発になり、森林のばっさいや外来種の侵入が進みました。それによって、㋐動物たちのすむ場所が消失するという問題が起こり、すでに絶滅したほ乳類もいます。

2

㋑最もよく知られているのは、本州・四国・九州に生息し、一九〇五年に記録されたものを最後に消息を絶ったニホンオオカミでしょう。二〇一二年には、ニホンカワウソの絶滅が宣言されました。ニホンリスも数が減少しており、すでに九州では絶滅したのではないかともいわれています。

ニホンオオカミ

ニホンカワウソ

3

自然の作用ではなく、人間の活動によって、固有種が減ってきているのです。

※外来種…人間の活動によって、原産地から別の地域に運ばれ、そこにいつくようになった動植物。もともとその地に生息する種へのえいきょうが大きいものもいる。

(令和六年度版　光村図書　国語　五　銀河　今泉　忠明)

上の1〜3の文章を読んで、答えましょう。

1

(1) 人間の活動が活発になったのは、いつの時代以降のことですか。

(　　　　)時代以降

(2) ㋐動物たちのすむ場所が消失するという問題は、何によって起こりましたか。二つ書きましょう。(習っていない漢字は、ひらがなで書きましょう。)

2

(1) 絶滅したほ乳類で、㋑最もよく知られているのは、何という動物ですか。

(2) ニホンカワウソの絶滅が宣言されたのは、何年でしたか。

(3) ニホンリスがすでに絶滅したのではないかといわれているのは、どこですか。一つに○をつけましょう。

(　)本州
(　)四国
(　)九州

3

固有種が減ってきているのは、何によってだといっていますか。文中の五文字の言葉で答えましょう。

説明文

インターネットは冒険だ ①

名前

1

インターネットのおかげで、わたしたちは気軽に、世界中のさまざまな出来事を知ることができるようになった。

2

次々に現れる新しい情報を得ていくことには、自分の世界が広がる冒険のような楽しさがある。しかし、冒険は楽しくもあるが危険もともなうため、(あ)じゅんびが必要だ。それは、インターネットの特徴と危険を知っておくことである。

3

もしあなたが、こんな家族の会話を聞いたとしよう。

「近くの川で人がおぼれたみたいだけど、助かったようだね。」

「それ、小学生が助けたって、(い)インターネットで話題になっているよ。」

確かに近くの川に人だかりができていて、(う)さわぎになっていた。友達とも見に行ってみたが、それがニュースになっているようだ。

※人だかり…人がたくさん集まっていること。または、集まった人たち。

（令和六年度版　東京書籍　新編　新しい国語　五　藤代　裕之）

上の1～3の文章を読んで、答えましょう。
（習っていない漢字は、ひらがなで書きましょう。）

1 インターネットのおかげで、わたしたちは気軽に、どんなことができるようになりましたか。

世界中の（　　　　）こと

2 (1) インターネットで次々に現れる新しい情報を得ていくことには、どんな楽しさがありますか。

（　　　　）冒険のような楽しさ

(2) なぜ、(あ)じゅんびが必要なのですか。

冒険は（　　　　）もあるが（　　　　）もともなうため

(3) (あ)じゅんびが必要とありますが、どんなことが必要なのですか。

インターネットの（　　　　）と（　　　　）を知っておくこと

3 (1) (い)インターネットで話題になっていることは、どんなことですか。

近くの川でおぼれた人を、（　　　　）が助けたということ

(2) 近くの川に(う)さわぎを見に行ってみたのはだれでしたか。○をつけましょう。

（　）あなたの家族

（　）あなたと友達

説明文

インターネットは冒険だ ②

名前

1

インターネットの大きな特徴は、だれもが情報を発信できるということだ。

2

これまで世の中で起きた出来事を伝えてきたのは、主にテレビや新聞だった。テレビや新聞は、そこに所属する記者が取材して確かめたものを、番組や記事にしてとどけている。

3

インターネットでは、記者でなくても、スポーツ選手や宇宙飛行士などの有名人、そしてわたしたち自身まで、さまざまな人が情報を発信することができるようになった。

4

そのおかげで、わたしたちが知ることができる世界は大きく広がった。

※所属…会社などの一員として加わっていること。

（令和六年度版　東京書籍　新編　新しい国語　五　藤代　裕之）

上の1～4の文章を読んで、答えましょう。（習っていない漢字は、ひらがなで書きましょう。）

1 インターネットの大きな特徴は、どんなことですか。

（　　　　）ということ

2 (1) これまで世の中で起きた出来事を伝えてきたのは、主に何でしたか。二つ書きましょう。

[　　　　]

[　　　　]

(2) テレビや新聞は、どんなものを番組や記事にしてとどけていますか。

そこに所属する（　　　　）が（　　　　）もの

3 インターネットで情報を発信することができるようになったのは、どんな人ですか。

記者でなくても、（　　　　）や（　　　　）などの有名人、そして（　　　　）まで、（　　　　）な人

4 おかげで、何が大きく広がったのですか。

わたしたちが（　　　　）ことができる（　　　　）

説明文

インターネットは冒険だ ③

名前

1

しかし、だれもが情報を発信できるために、記者が取材したニュースから、自治体や企業、そして個人が発信したものまで、㋐さまざまな情報が入り混じってしまっている。

2

人がおぼれたという事故も、その場にいた人ならだれでも、すぐに発信できる。テレビや新聞では報じていない情報もあるが、うそや大げさなものも混じるという㋑危険がある。

3

だからこそ、「インターネットの話題」をだれが発信しているのかを確かめることが㋒大切なのだが、インターネットでニュースを見るときに出所を「気にする」人は、二十代以下では㋓半分にも満たない。

4

ふだんの生活では、だれだか分からない人の話を真に受ける人は少ないが、インターネットの情報になると、だれが話しているか確かめない人が多くなるのは不思議なことだ。

※出所…物事が出てくる元となるところ。ここでは情報の発信元のこと。

（令和六年度版　東京書籍　新編　新しい国語　五　藤代　裕之）

上の1～4の文章を読んで、答えましょう。

1 なぜ、㋐さまざまな情報が入り混じってしまっているのですか。

だれもが（　　　　　　）ため

2 ㋑危険があるとは、どんな危険があるのですか。

（　　　　）や（　　　　）も混じるという危険

3 (1) どんなことが㋒大切なのですか。

「インターネットの話題」を（　　　　　　）を（　　　　）こと

(2) ㋓半分にも満たないとは、どんな意味ですか。一つに○をつけましょう。

（　）半分より多い。
（　）ちょうど半分くらい。
（　）半分より少ない。

4 次のような人は、どのくらいいると筆者はいっていますか。あてはまる方を線で結びましょう。

ふだんの生活で、だれだか分からない人の話を真に受ける人 ・　　・ 多い

インターネットの情報で、だれが話しているか確かめない人 ・　　・ 少ない

説明文

インターネットは冒険だ ④

名前

1

話題になっているサイトを見ると、
「救助の様子を見ていた子どもが、小学生が助けたと言っていた。」と書いてある。

救助の様子はよく見えなかったけれど、ふとした思いつきで、
あ「助けたのは小学生かもしれないね。」と友達に言ったのは自分だ。もしかして、自分の話した内容がインターネット上に広がっているのだろうか。

2

インターネットには、情報が広がるのが速いという特徴もある。ニュース記事やSNSには、ボタン一つですぐに情報を「シェア（共有）」する仕組みがあるからだ。

3

その場で起こっていることをいち早く知らせることができるので、台風や地震といった災害時には、いこの仕組みを使って人を助けることもできる。

※SNS…ソーシャル・ネットワーキング・サービスのりゃく。インターネット上で人と人とがつながる仕組みをていきょうするサービス。

（令和六年度版　東京書籍　新編　新しい国語　五　藤代　裕之）

上の1～3の文章を読んで、答えましょう。
（習っていない漢字は、ひらがなで書きましょう。）

1

(1) 話題になっているサイトを見ると、どんなことが書いてありますか。

「救助の様子を見ていた（　　　）が、（　　　）と言っていた。」ということ

(2) あの言葉を言ったのは、だれですか。○をつけましょう。

（　）自分　（　）友達

(3) あの言葉は、救助の様子をよく見て言った言葉でしたか。○をつけましょう。

（　）よく見て言った。
（　）よく見えなかったが、言った。

2

(1) インターネットには、どんな特徴もあると書いてありますか。

（　　　）という特徴

(2) ニュース記事やSNSには、どんな仕組みがありますか。

（　　　）一つですぐに（　　　）を「（　　　）」する仕組み

3

(1) どんな時には、いこの仕組みを使って人を助けることもできますか。

（　　　）や（　　　）といった（　　　）時

説明文

新聞記事を読み比べよう ①

名前

1
わたしたちは毎日の生活の中で、さまざまな情報に接しています。新聞、テレビ、インターネットなど、情報を伝えるための手段のことを㋐メディアといいます。

2
メディアは、常に、受け手に送り手からのメッセージを伝えようとします。そのため、㋑メディアから情報を受け取るときには、そこにどのような送り手のメッセージがあるのかを考えることが大切です。

3
メディアの中でも新聞は、みなさんにとって身近なものの一つといえるでしょう。実際に新聞を読んだり学級新聞を作ったりした経験のある人も、多いのではないでしょうか。

4
新聞は、社会の出来事を速く多くの人に知らせるための印刷物です。全国に向けて発行されている㋒新聞の一ページに入る文字の量は、平均すると約一万八百字になるといわれ、これは、四百字づめの原こう用紙約二十七枚分に当たります。

（令和六年度版　東京書籍　新編　新しい国語　五「新聞記事を読み比べよう」による）

上の1～4の文章を読んで、答えましょう。

1
(1) ㋐メディアとは、何をするための手段のことをいいますか。

（　　　　）ための手段

(2) メディアには、どんなものがありますか。三つ書きましょう。

2
㋑メディアから情報を受け取るときには、どんなことが大切ですか。

受け取った情報に、どのような（　　　　）があるのかを考えること

3
メディアの中でも新聞は、どんなものの一つといっていますか。

（　　　　）ものの一つ

4
(1) 新聞とは、どんな印刷物だといっていますか。

（　　　　）ための印刷物

(2) ㋒新聞の一ページに入る文字の量は、四百字づめの原こう用紙では、何枚分に当たりますか。

約（　　　　）枚分

説明文

新聞記事を読み比べよう ②

名前

1 新聞には、国内外の事件や事故などの出来事について伝える報道記事のほか、社説、コラム、解説、投書など、いろいろな種類の文章がけいさいされています。

2 報道記事は、事実を伝えることが中心ですが、それに加え、その出来事が起きた原因や背景、また、これからどうなるかという見通しや、社会におよぼすえいきょうなど、解説も書かれています。

3 新聞の紙面は、社会、経済、政治、産業、国際、教育、文化、スポーツなど、話題の分野別に構成されています。読者の興味や関心に応じて、どの紙面からでも、どの記事からでも読めるように編集されているのも、あ新聞の特徴の一つといえるでしょう。

4 また、新聞には、多くの写真や図表がけいさいされています。それらは、い記事の書き手が読み手に発信したメッセージを強める働きも持っています。う新聞を読むときは、記事を読み取るだけでなく、資料としての写真や図表を読みとくことも大切です。

（令和六年度版　東京書籍　新編　新しい国語　五　「新聞記事を読み比べよう」による）

上の1～4の文章を読んで、答えましょう。

1 新聞には、どんな文章がけいさいされていますか。

報道記事のほか、社説、コラム、解説、投書など、（　　　　）の文章

2 報道記事は、どうすることが中心だといっていますか。

（　　　　）こと

3 (1) 新聞の紙面は、どのように構成されていますか。

（　　　　）の分野別に構成されています。

(2) あ新聞の特徴の一つとは、どんなことですか。

読者の（　　　　）に応じて、（　　　　）からでも、（　　　　）からでも読めるように編集されていること

4 (1) い記事の書き手が読み手に発信したメッセージを強める働きを持っているものは何ですか。二つ書きましょう。

［　　　　］

［　　　　］

(2) う新聞を読むときに大切なこと二つに○をつけましょう。

（　）記事を読み取ること。

（　）資料を切り取ること。

（　）写真や図表を読みとくこと。

説明文 「弱いロボット」だからできること①

名前

1

具体的に、「ごみ箱ロボット」の例を見てみましょう。「ごみ箱ロボット」は、その名前のとおり、ごみ箱の形をしたロボットです。見た目はほとんどごみ箱であり、車輪が付いて動けるようになっているものです。

2

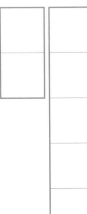

㋐このロボットには、ごみを拾うための機能がありません。底に付いた車輪を使って、よたよたと歩きながらごみを見つけます。この歩く動きは、まるでたよりない生き物のように見えます。

3

この㋑「ごみ箱ロボット」の様子を見た人は、思わず、手にしたごみを投げ入れたり、落ちているごみを拾って入れたりします。すると、このロボットは、センサーによってごみが入れられたことを感知し、小さくおじぎをします。ごみを入れた人は、これを見て、何となくうれしい気持ちになるようです。

4

こうやって周りの人の協力を得ながら、このロボットはその場をきれいにすることができるのです。

※感知…感じとること。気づくこと。

（令和六年度版　東京書籍　新編　新しい国語　五　岡田　美智男）

上の1～4の文章を読んで、答えましょう。

1 「ごみ箱ロボット」は、どんなロボットですか。

・（　　　　）の形をしたロボット
・（　　　　）が付いて動けるようになっているもの

2 (1) ㋐このロボットが、できることに○、できないことに×をつけましょう。

（　）ごみを拾う。
（　）よたよたと歩きながらごみを見つける。

(2) ロボットの歩く動きは、まるで何のように見えますか。

3 (1) ㋑「ごみ箱ロボット」の様子を見た人は、思わず、どうしますか。

手にしたごみを（　　　　）たり、落ちているごみを（　　　　）たりします。

(2) ごみを入れられたことをセンサーで感知したロボットは、何をしますか。

小さく（　　　　）をします。

4 このロボットは、どんなものを得て、その場をきれいにすることができるのですか。文中から七文字で書き出しましょう。

説明文

「弱いロボット」だからできること ②

名前

1

このように、「弱いロボット」には、周りの人の協力を引き出したり、行動をさそったりする力があります。あ「弱いロボット」と関わるわたしたちも、たがいの思いが伝わる気がしたり、手伝うことの喜びを感じたりすることができます。

2

この「弱いロボット」が持つ「弱さ」は、人間の赤ちゃんに似ているのではないでしょうか。生まれて半年ほどの赤ちゃんは、歩くこともできませんし、言葉を話すこともできません。一人で何もできないという意味では、「弱い」存在だと言えるでしょう。

3

しかし赤ちゃんは、何もできないのに、周りの大人たちの関心と手助けを引き出します。赤ちゃんがぐずりだすと、大人たちは、「おなかがすいたのだろうか。」「遊んでほしいのかな。」などと考え、ミルクを用意したり、おもちゃで遊んだりします。い「弱い」存在でありながら、周囲の人々の協力を引き出すことで、食事をとり、ほしいものを手にすることができるのです。

（令和六年度版　東京書籍　新編　新しい国語　五　岡田　美智男）

上の1～3の文章を読んで、答えましょう。

1 (1) 「弱いロボット」には、どんな力がありますか。

周りの人の（　　　　）を引き出したり、（　　　　）をさそったりする力

(2) あ「弱いロボット」と関わるわたしたちは、どんなことを感じることができますか。

（　　　　）気がしたり、（　　　　）を感じたりすること

2 (1) 「弱いロボット」が持つ「弱さ」は、だれに似ているといっていますか。

[　　　　]

(2) 生まれて半年ほどの赤ちゃんは、どんな意味では、「弱い」存在だと言えるのですか。

（　　　　）という意味

3 (1) 赤ちゃんは、周りの大人たちの何を引き出しますか。

（　　　　）と（　　　　）

(2) い「弱い」存在である赤ちゃんは、周囲の人々の協力を引き出すことで、どんなことができるのですか。

（　　　　）をとり、（　　　　）ことができる

説明文

「弱いロボット」だからできること ③

名前

[1]

赤ちゃんは、(あ)自分と人々との関わりだけでなく、周囲の人どうしの協力関係も作り出します。赤ちゃんをともに世話する集団として、(い)周りの大人たちは、赤ちゃんの力になることに喜びを感じることができます。

[2]

「ごみ箱ロボット」が、自分では十分な機能を持たずにその場所をきれいにすることができるのは、(う)こうした関わり合いを、ロボットと人間の間に、あるいは、その場にいる人間どうしの間に作ることができるからなのです。

[3]

それは、「何かをしてもらう」人間と「何かをしてくれる」ロボットのような関係ではなく、たがいに支え合う(え)心地よい関係だと言えるでしょう。

（令和六年度版　東京書籍　新編　新しい国語　五　岡田美智男）

上の[1]～[3]の文章を読んで、答えましょう。

[1]

(1) 赤ちゃんは、(あ)自分と人々との関わりのほかに、どんなものを作り出しますか。

周囲の人どうしの（　　　　）

(2) (い)周りの大人たちは、どんな集団として、赤ちゃんの力になることに喜びを感じることができるのですか。

赤ちゃんを（　　　　）集団

[2]

(1) (う)こうした関わり合いにあてはまるもの二つに○をつけましょう。（[1]の文章も読んで答えましょう。）

（　）赤ちゃんと人々との関わり。

（　）赤ちゃんどうしの関係。

（　）赤ちゃんの周囲の人どうしの協力関係。

(2) 「ごみ箱ロボット」は、(う)こうした関わり合いを、どこに作ることができるのですか。二つ書きましょう。

（　　　　）と（　　　　）の間

その場にいる（　　　　）の間

[3]

どちらの関係を、(お)心地よい関係だといっていますか。○をつけましょう。

（　）「何かをしてもらう」人間と「何かをしてくれる」ロボットのような関係。

（　）人間とロボットがたがいに支え合う関係。

古典

古典の世界　方丈記

名前

1

次の文は、「方丈記」の始まりの部分です。作者である鴨長明の、この世をはかないものだと感じる見方が表れています。

2

〈もとの文〉

① ゆく河の流れは絶えずして、しかももとの水にあらず。

② よどみに浮かぶうたかたは、かつ消え、かつ結びて、㋐久しくとどまりたるためしなし。

③ 世の中にある人とすみかと、またかくのごとし。

3

〈意味の文〉

❶ ㋑川の流れは絶えることがなく、しかも同じ水が流れているのではない。

❷ よどんだ所に浮かぶあわは、こちらで消えては、あちらで生まれ、同じあわがずっとそのままということはない。

❸ この世の中の人間も住居も、㋒これと同じだ。

※はかないもの…こわれやすく、長く続かないもの。
※よどんだ所…水や空気が流れずに、たまっている所。

（令和六年度版　光村図書　国語　五　銀河「古典の世界（一）」による）

◇〈もとの文〉を、二回音読しましょう。

上の1の文章を読んで、答えましょう。

(1) 「方丈記」の作者の名前は、何ですか。ひらがなで書きましょう。

(2) 「方丈記」の作者は、この世をどんなものだと感じていましたか。文中の言葉六文字で答えましょう。

上の2・3の文章を読んで、答えましょう。

（〈もとの文〉①の意味は、〈意味の文〉❶に書かれています。②と❷、③と❸も同様です。）

(1) ㋐久しくとどまりたるためしなしにあたる部分を、3の〈意味の文〉から書き出しましょう。

(2) ㋑川の流れは絶えることがなくにあたる部分を、2の〈もとの文〉から書き出しましょう。

(3) ㋒これと同じとありますが、「これ」とは、何を指していますか。○をつけましょう。

（　）川の流れやあわ。

（　）よどんだ所。

古典

古典の世界　徒然草

名前

1

次の文は、「徒然草」の始まりの部分です。作者である兼好法師の、人の生き方や自然の美しさに対する考えが表れています。

2

〈もとの文〉

つれづれなるままに、
あ日暮らし、
硯に向かひて、
心にうつりゆく
いよしなし事を、
うそこはかとなく書きつくれば、
あやしうこそ
えものぐるほしけれ。

3

〈意味の文〉

おすることがなく、
たいくつであるのにまかせて、
一日中、
硯に向かいながら、
心に次々と浮かんでは消えていく、
とりとめもないことを、
何という当てもなく書きつけていると、
みょうに心がみだれて、
落ち着いていられない。

※とりとめもない…特に重要でもない。まとまりのない。

（令和六年度版　光村図書　国語　五　銀河「古典の世界（一）」による）

◇〈もとの文〉を、二回音読しましょう。

上の1の文章を読んで、答えましょう。

「徒然草」の作者の名前は、何ですか。ひらがなで書きましょう。

上の2の文章を読んで、答えましょう。

声に出して読むとき、次の言葉は、何と読みますか。ひらがなで書きましょう。

① 向かひて

② あやしうこそものぐるほしけれ

上の2・3の文章を読んで、答えましょう。

(1) 〈もとの文〉の次の言葉は、どんな意味ですか。合うものを——線で結びましょう。

あ 日暮らし・	・何という当てもなく
い よしなし事・	・一日中
う そこはかとなく・	・落ち着いていられない
え ものぐるほしけれ・	・とりとめもないこと

(2) おすることがなく、たいくつであるのにまかせてにあたる部分を、2の〈もとの文〉から九文字で書き出しましょう。

「徒然草」の教材は、東京書籍の令和六年度版五年生国語にも掲載されています。

古典　浦島太郎　「御伽草子」より　①

名前

1

〈あらすじ〉

浦島太郎が竜宮城で楽しくくらすうちに、三年がすぎた。ふるさとに帰ることにした太郎に、亀は美しい箱をわたした。

しかし、ふるさとに着くと、そこでは七百年もの時間がすぎていた。

2

〈もとの文〉

太郎思ふやう、
亀が与へしかたみの箱、
㋐あひかまへてあけさせ給ふな
と言ひけれども、
今は何かせん、
㋑あけて見ばやと思ひ、
見るこそ
くやしかりけれ。

3

〈意味の文〉

太郎が思うに、
亀は形見にくれた箱を、
決して開けなさるなと
言っていたけれど、
（ふるさとで長い時間がすぎてしまった）
今となってはどうしようもないので、
開けて見ようと思い、
見てしまったのは
㋒残念なことだった。

（令和六年度版　光村図書　国語　五　銀河　「浦島太郎」による）

◇〈もとの文〉を、二回音読しましょう。

上の1の文章を読んで、答えましょう。

浦島太郎がふるさとにもどってくると、どれくらいの時間がすぎていましたか。

上の2の文章を読んで、答えましょう。

声に出して読むとき、次の言葉は、何と読みますか。ひらがなで書きましょう。

① 思ふやう

② あひかまへて

上の2・3の文章を読んで、答えましょう。

(1) 亀は太郎に何を与えましたか。2の〈もとの文〉から五文字で書き出しましょう。

箱

(2) ㋐、㋑にあたる部分を、〈意味の文〉から書き出しましょう。

㋐ あひかまへてあけさせ給ふな

㋑ あけて見ばや

(3) ㋒残念なことだったにあたる部分を、3の〈もとの文〉から七文字で書き出しましょう。

名前

1

〈もとの文〉

この箱をあけて見れば、
中より紫の雲三すぢ（じ）上りけり。
これを見れば、
二十四五の齢も、
たちまちに変わりはてにける。
さて、浦島は鶴になりて、
虚空に飛び上がりける。
そもそも、この浦島が年を、
亀が㋐はからひ（い）として、
箱の中にたたみ入れにけり。

2

〈意味の文〉

この箱を開けて見たところ、
中から紫色の雲が三本立ち上った。
この雲を見た太郎は、
二十四、五さいだったのに、
たちまちおじいさんに
変わり果ててしまった。
それから、浦島太郎は鶴になって、
大空へ飛び上がっていった。
もともと、この浦島の年の数を、
亀の心づかいで、
㋑箱の中にたたんで入れてあったのだ。

（令和六年度版　光村図書　国語　五　銀河「浦島太郎」による）

◇〈もとの文〉を、二回音読しましょう。
上の1・2の文章を読んで、答えましょう。

(1) 箱を開けてみたところ、中から何が立ち上りましたか。○をつけましょう。
（　）大きな白い雲。
（　）三本の紫色の雲。

(2) 雲を見た太郎は、どうなってしまいましたか。

（　　　　）だったのに、たちまち（　　　　）に変わり果ててしまった。

(3) 浦島太郎は、最後にどんな生き物になってしまいましたか。一つに○をつけましょう。
（　）亀　（　）鶴　（　）竜

(4) ㋐はからひ（い）について答えましょう。
① 声に出して読むとき、何と読みますか。ひらがなで書きましょう。

② どんな意味ですか。2の〈意味の文〉から四文字で書き出しましょう。

(5) ㋑箱の中にたたんで入れてあったとありますが、何を入れてあったのですか。

浦島の（　　　　）

※児童に取り組ませる前に、必ず先生が問題を解いてください。本書の解答や指導にあたっては、あくまで１つの例です。児童の多様な考えに寄り添って、○つけをお願いします。

解答例

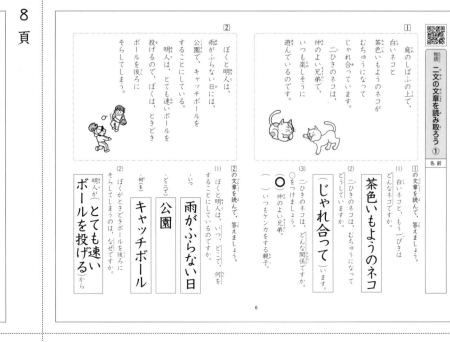

※ワークシートと解答例は、学習する児童の実態にあわせて拡大してお使いください。

6頁

物語　二文の文章を読み取ろう ①　名前

1

庭のしばふの上で、白いネコと茶色いもようのネコがむちゅうになってじゃれ合っています。

二ひきのネコは、仲のよい兄弟で、いつも楽しそうに遊んでいるのです。

2

ぼくと明人は、雨がふらない日には、公園で、キャッチボールをすることにしている。

明人は、とても速いボールを投げるので、ぼくは、ときどきボールを後ろにそらしてしまう。

1の文章を読んで、答えましょう。

(1) 白いネコと、もう一ぴきはどんなネコですか。

茶色いもようのネコ

(2) 二ひきのネコは、むちゅうになってどうしていますか。

（じゃれ合って）います。

(3) 二ひきのネコは、どんな関係ですか。○をつけましょう。

（○）仲のよい兄弟。

（　）いつもケンカをする親子。

2の文章を読んで、答えましょう。

(1) ぼくと明人は、いつ、どこで、何をすることにしているのですか。

・いつ　雨がふらない日

・どこ(で)　公園

・何(を)　キャッチボール

(2) ぼくがときどきボールを後ろにそらしてしまうのは、なぜですか。

明人が（とても速いボールを投げる）から

6

7頁

物語　二文の文章を読み取ろう ②　名前

1

三時間目の始業のチャイムがなり、クラスのみんなは国語の教科書を開いて、今日の学習のじゅんびをしている。

しかし、洋介は、Ⓐそんなことより休み時間に中山くんとけんかしたことが気になってぼんやりしていた。

2

みさの祖父は、家族のたんじょう日には、うでをふるって料理を作り、いつもは食器だなのおくにしまってあるお皿にもりつけて食べさせてくれる。

祖父には、長年ホテルの料理長をつとめていたうで前があるからだ。

1の文章を読んで、答えましょう。

(1) いつのことですか。○をつけましょう。

（○）三時間目の授業が始まったとき。

（　）三時間目の授業が終わったとき。

(2) Ⓐそんなこととは、どんなことですか。

国語の教科書を開いて、（今日の学習のじゅんび）をすること

(3) 洋介が気になっていることは、どんなことですか。

（休み時間に）中山くんとけんかした（　）こと

2の文章を読んで、答えましょう。

(1) みさの祖父がうでをふるって料理を作るのは、どんなときですか。

家族のたんじょう日

(2) 料理は、どんなお皿にもりつけられますか。

いつもは食器だなのおくにしまってあるお皿

(3) みさの祖父が料理を作ってくれるのは、祖父には、何があるからですか。

長年ホテルの料理長をつとめていたうで前

7

8頁

物語　三文の文章を読み取ろう ①　名前

1

ぼくは、ときどきお母さんの手伝いで、夕ご飯のじゅんびをします。

トントントントンと、お母さんは、聞いていて気持ちがいいほど、上手に野菜を切ります。

今はできないけれど、ぼくも、いつかお母さんのようになりたいと思います。

2

雨上がりに、家のげんかんから西の空を見ると、大きなにじが出ていました。

思わずわたしが「あっ、にじ！」と大声でさけぶと、お姉ちゃんと弟がⒶ家から出てきたので、にじの出ている方角を教えてあげました。

いつのまにかお母さんもⒷ出てきて、みんなできれいなにじをながめていました。

1の文章を読んで、答えましょう。

(1) ぼくは、ときどき、お母さんの手伝いで、何をしますか。

夕ご飯のじゅんび

(2) トントントントンは、何の音ですか。

お母さんが（野菜を切る）音

(3) ぼくは、今はお母さんのように上手に野菜を切ることができるのですか。○をつけましょう。

（　）できる

（○）できない

2の文章を読んで、答えましょう。

(1) 「あっ、にじ！」と大声でさけんだのは、だれですか。

わたし

(2) Ⓐにじの出ている方角は、どの方角ですか。一つに○をつけましょう。

（　）東　（○）西

（　）南　（　）北

(3) Ⓑみんなで何人でしたか。

四人

8

9頁

物語　三文の文章を読み取ろう ②　名前

1

六月になると、わたしたちの地区のしょうぶ園のしょうぶの花がさき始める。

老人会のみなさんが心をこめて育てたしょうぶの花は、梅雨入りしたころから見ごろになる。

しょうぶ園への道はばがせまくて車がじゅうたいしてしまうので、公共交通機関を使って来るようによびかけられている。

2

持久走大会のスタートラインに立ったとき、新太は何人かの友だちに話しかけられたが、だれとも口をきかなかった。

新太は、少しでも早くなりたいとこれまでコツコツ練習を重ねてきた。Ⓐその成果をしっかり出したくて走ることに集中したかったからだ。

1の文章を読んで、答えましょう。

(1) わたしたちの地区のしょうぶの花を育てているのはどんな人たちですか。

老人会のみなさん

(2) しょうぶの花が見ごろになるのは、いつごろからですか。

（梅雨入りした）ころから

(3) 公共交通機関を使って来るようによびかけられているのは、なぜですか。

しょうぶ園への（道はばがせまくて車がじゅうたいしてしまう）から

2の文章を読んで、答えましょう。

(1) どこに立ったときのことですか。

持久走大会の（スタートライン）

(2) Ⓐその成果とは、何の成果ですか。

これまで（コツコツ練習を重ねて）きた成果

(3) 新太がだれとも口をきかなかったのは、なぜですか。

走ることに（集中したかった）から

9

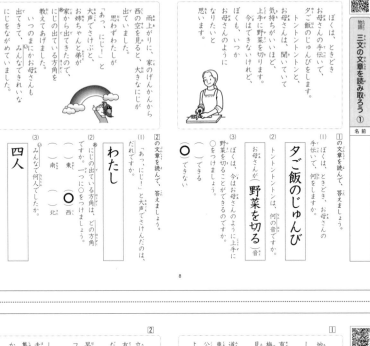

※ワークシートと解答例は、学習する児童の実態にあわせて拡大してお使いください。

※児童に取り組ませる前に、必ず先生が問題を解いてください。本書の解答や指導にあたっては、あくまで１つの例です。児童の多様な考えに寄り添って、○つけをお願いします。

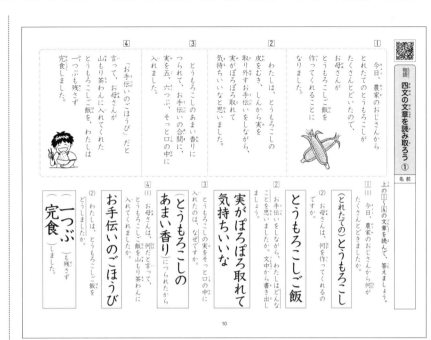

10頁

物語　四文の文章を読み取ろう ①

名前

1 今日、農家のおじさんから
とれたてのとうもろこしが
たくさんとどいたので、
お母さんが
とうもろこしご飯を
作ってくれることに
なりました。

2 わたしは、とうもろこしの
皮をむき、しんから実を
取り外すお手伝いをしながら、
実がぽろぽろ取れて
気持ちいいなと思いました。

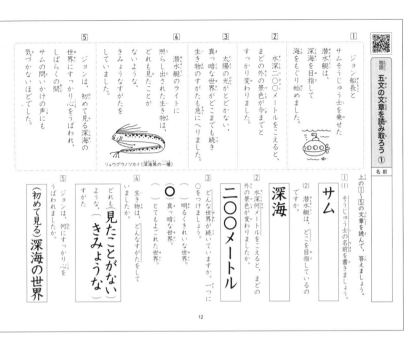

3 とうもろこしのあまい香りに
つられて、お手伝いの合間に、
実を五、六つぶ、そっと口の中に
入れました。

4 「お手伝いのごほうび」だと
言って、お母さんが
山もり茶わんに入れてくれた
とうもろこしご飯を、わたしは
一つぶも残さず
完食しました。

上の1～4の文章を読んで、答えましょう。

1 (1) 今日、農家のおじさんから何がたくさんとどきましたか。

（とれたての）とうもろこし

(2) お母さんは、何を作ってくれるのですか。

とうもろこしご飯

2 お手伝いをしながら、わたしはどんなことを思いましたか。文中から書き出しましょう。

実がぽろぽろ取れて気持ちいいな

3 とうもろこしの実をそっと口の中に入れたのは、なぜですか。

（とうもろこしのあまい香り）につられたから

4 (1) お母さんは、何だと言って、とうもろこしご飯を山もり茶わんに入れてくれましたか。

お手伝いのごほうび

(2) わたしは、とうもろこしご飯をどうしましたか。

（一つぶ）も残さず
（完食）しました。

11頁

物語　四文の文章を読み取ろう ②

名前

1 学校の帰り道、友だちと別れて
ひとりぼっちになってから、
風太は少しこわいと思う
場所がある。

2 左右から木のえだが
せり出すように道に
おおいかぶさって、
昼間でもうす暗く
なっているところが
あるのだ。

3 そこに上品な毛なみの
ねこが目を光らせて、
たたずんでいることが
よくある。

4 ふつうのねこなら、
近づくと足早に去って行くのに、
そのねこは動きもしないで、
じっと風太の方を
にらんでいるのだ。

上の1～4の文章を読んで、答えましょう。

1 学校の帰り道、風太がどう思う場所がありますか。

（少しこわい）と思う場所

2 (1) 風太がこわいと思うのは、昼間でもどんなところですか。

昼間でも（うす暗くなっている）ところ

(2) 昼間でもうす暗くなっているのは、なぜですか。

（左右から木のえだがせり出すように道におおいかぶさって）いるから

3 どんなねこが、どんな様子でいますか。

● どんなねこ

上品な毛なみのねこ

● どんな様子

（目を光らせて、たたずんで）いる

4 風太が出会うねこがふつうのねことちがうと思うのは、どんなところですか。

風太が近づいても（動き）もしないで、（じっと風太の方をにらんで）いるところ

12頁

物語　五文の文章を読み取ろう ①

名前

1 ジョン船長と
サムそうじゅう士を乗せた
潜水艇は、
深海を目指して
海をもぐり始めました。

2 水深二〇〇メートルをこえると、
まどの外の景色が今までと
すっかり変わりました。

3 太陽の光がとどかない、
真っ暗な世界がどこまでも続き
生き物のすがたも急にへりました。

4 潜水艇のライトに
照らし出された生き物は、
どれも見たことが
ないような、
きみょうなすがたを
していました。

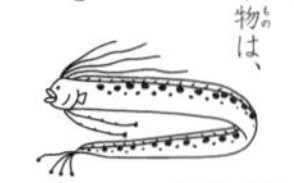

リュウグウノツカイ（深海魚の一種）

5 ジョンは、初めて見る深海の
世界にすっかり心をうばわれ、
しばらくの間
サムの問いかけの声にも
気づかないほどでした。

上の1～5の文章を読んで、答えましょう。

1 (1) そうじゅう士の名前を書きましょう。

サム

(2) 潜水艇は、どこを目指しているのですか。

深海

2 水深何メートルをこえると、まどの外の景色が変わりましたか。

二〇〇メートル

3 どんな世界が続いていますか。一つに○をつけましょう。

（　）明るくきれいな世界。
（○）真っ暗な世界。
（　）とてもよごれた世界。

4 生き物は、どんなすがたをしていましたか。

どれも（見たことがない）ような、（きみょうな）すがた

5 ジョンは、何にすっかり心をうばわれましたか。

（初めて見る）深海の世界

13頁

物語　五文の文章を読み取ろう ②

名前

1 ある秋晴れの日曜日、
父の発案で県ざかいの山まで
家族みんなで
もみじがりに出かけた。

2 父の運転する車のまどから、
いちょうの金色の葉や
もみじの紅葉が次々と後ろへ
流れさって見えた。

3 お昼近くになって、
山全体を一望できる
山ちょう付近の
展望台にようやく
着いた。

4 展望台から見わたしてみると、
どの木も紅葉しているわけではなく、
赤や黄色の葉がすぎやひのきの
緑の木々の合間に見えることが、
紅葉をいっそうひき立てて
見せているのだとわかった。

5 この美しい景色をカメラで
何まいも写したが、
結局のところ、目の前の
自然の美しさに
かなう写真は
一まいもとれなかった。

上の1～5の文章を読んで、答えましょう。

1 (1) いつのことですか。

ある秋晴れの日曜日

(2) 家族みんなで何に出かけましたか。

もみじがり

2 車のまどから、次々と流れさって見えたものは何でしたか。
（習っていない漢字は、ひらがなで書きましょう。）

いちょうの金色の葉やもみじの紅葉

3 どんな展望台に着きましたか。

（山全体を一望できる）山ちょう付近の展望台

4 どんなことが、紅葉をいっそうひき立てて見せているのだとわかりましたか。

赤や黄色の葉が（すぎやひのきの緑の木々の合間）に見えること

5 どんな写真がとれましたか。一つに○をつけましょう。

（　）本物の景色よりも美しい写真がとれた。
（○）たくさん写真をとったが、どれも本物の景色ほど美しくなかった。
（　）写真は一まいもとれなかった。

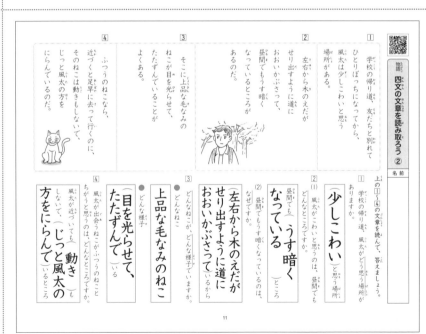

解答例

※ワークシートと解答例は、学習する児童の実態にあわせて拡大してお使いください。

14頁

説明文（社会） 二文の文章を読み取ろう ①

名前

1

世界には六つの大陸があり、
その中で面積が一番大きいのは
ユーラシア大陸で、
面積が最も小さいのは
オーストラリア大陸である。

南極大陸は、
雪と氷におおわれ、
ペンギンなどの
生き物はいるが、
人は住んでいない。

2

土地の多くが海面より低い
岐阜県海津市は、
まわりをていぼうでかこまれ
「輪中」とよばれています。

人々は、石垣の上に
水屋をたてたり、
排水機場を
つくったりして、
洪水からくらしを
守ってきました。

1の文章を読んで、答えましょう。

(1) 世界には、いくつの大陸がありますか。一つに○をつけましょう。

（　）四つ　（○）六つ　（　）八つ

(2) 面積が一番小さい大陸は、何という大陸ですか。

オーストラリア大陸

(3) 南極大陸にいる生き物の名前を書きましょう。

ペンギン

2の文章を読んで、答えましょう。

(1) 海津市の土地の多くは、どんなところにありますか。一つに○をつけましょう。

（　）海面より高いところ。
（　）海面と同じ高さのところ。
（○）海面より低いところ。

(2) まわりをていぼうでかこまれた土地は、何とよばれていますか。

輪中

(3) 人々は、何からくらしを守ってきましたか。
（習っていない漢字は、ひらがなで書きましょう。）

洪水

14

15頁

説明文（理科） 二文の文章を読み取ろう ②

名前

1

空気は、ふつう、
目には見えませんが、
㋐目に見えるようにする
方法があります。

ストローを
口にくわえて、
水の入ったコップに
ぶくぶくと息をふきこむと、
㋑口の中にあった空気は、
水の中であわとなって、
目に見えるようになるのです。

2

川の水は、高い場所から
低い場所へ流れていきます。

山などにふった雨が
小さな川となり、
ほかの川といっしょになって
大きな川となり、
海へ流れて
いくのです。

1の文章を読んで、答えましょう。

(1) 空気は、ふつう目に見えますか。○をつけましょう。

（　）見える　（○）見えない

(2) 空気を㋐目に見えるようにする方法として、どんな方法が書いてありますか。

ストローを口にくわえて、水の入ったコップに（ぶくぶくと息をふきこむ）方法

(3) ㋑口の中にあった空気は、水の中で何になって目に見えるようになるのですか。

あわ

2の文章を読んで、答えましょう。

(1) 川の水は、どこからどこへ流れていきますか。

（高い）場所から（低い）場所へ流れていきます。

(2) 何が、小さな川になるのですか。

（山）などにふった（雨）

(3) 川の水は、最後にはどこへ流れていくのですか。

海

15

16頁

説明文（理科） 二文の文章を読み取ろう ③

名前

1

陸上でいちばん
大きな動物は
アフリカ象ですが、
海の中にはもっと
大きな動物がいます。

それは、シロナガスクジラで、
大きなものでは、
頭の先から
しっぽまでの長さが
三十メートル以上もあり、
二十五メートルプールよりも
大きな体をしています。

2

魚の中でいちばん大きいのは、
ジンベエザメで、大きなものでは
全長十八メートルもあります。

サメのなかまですが、
性質はおだやかで、
海にういている
小さな生き物である
プランクトンなどを
食べて、くらしています。

1の文章を読んで、答えましょう。

(1) この文章で、アフリカ象と比べているのは、何という名前の動物ですか。

シロナガスクジラ

(2) 二つの動物で、何を比べていますか。○をつけましょう。

（○）体の大きさ　（　）頭の大きさ

(3) 上の文章の内容と合う文に○をつけましょう。

（　）アフリカ象は、シロナガスクジラよりも大きい。
（○）シロナガスクジラは、アフリカ象よりも大きい。

2の文章を読んで、答えましょう。

(1) ジンベエザメは、どんな大きさですか。二つに○をつけましょう。

（○）魚の中でいちばん大きい。
（○）全長十八メートルもあるものもいる。
（　）小さな生き物である。

(2) ジンベエザメは、魚の中でも、何のなかまだといえますか。

（サメ）のなかま

(3) ジンベエザメが食べているプランクトンとは、どんな生き物ですか。

（海にういている小さな）生き物

16

17頁

説明文（社会） 三文の文章を読み取ろう ①

名前

1

四季の変化が見られるのは、
日本の気候の特色です。

春にはあたたかくなって
桜などの花がさき、
夏には気温が上がって
海水浴が楽しめます。

秋には、イチョウや
モミジなどの紅葉が楽しめ、
冬には、雪景色が見られ、
雪遊びやスキーなども
楽しめます。

＊「日本」は、「にほん」とも読みます。

2

沖縄県は、一年中あたたかい
地域ですが、台風がたくさん
通ります。

そのため、伝統的な家では
屋根がわらを
しっくいで固め、
家のまわりを
サンゴの石垣で
かこんだりしていました。

今は、コンクリート造りて
屋根を平らにした家が
多くあります。

1の文章を読んで、答えましょう。

(1) どんなことが日本の気候の特色なのですか。

（四季の変化が見られる）こと

(2) 春、夏、秋、冬に関係があるものを選んで――線で結びましょう。

春　夏　秋　冬

海水浴が楽しめる。
雪遊びができる。
桜などの花がさく。
紅葉が楽しめる。

2の文章を読んで、答えましょう。

(1) 沖縄県は、何がたくさん通りますか。

台風

(2) 伝統的な家では、家のまわりを何でかこんでいましたか。
（習っていない漢字は、ひらがなで書きましょう。）

サンゴの石垣

(3) 今は、何で造られた家が多いのですか。

コンクリート

17

※児童に取り組ませる前に、必ず先生が問題を解いてください。本書の解答や指導にあたっては、あくまで１つの例です。児童の多様な考えに寄り添って、○つけをお願いします。

※ワークシートと解答例は、学習する児童の実態にあわせて拡大してお使いください。

18 頁

説明文（理科） 三文の文章を読み取ろう ②

名前

1

世界でいちばん速く走ることができる動物は、アフリカにいるチーターです。

チーターの走る速さは時速百キロメートルにもなり、この速く走る力を使って、シカのなかまなどを追いかけ、とらえて食べています。

しかし、速くは走れても、その速さで長く㋐走り続けることはできず、えものににげ切られてしまうこともあります。

2

ライオンは、何頭かがグループとなり、役わりを決めてえものをとらえます。

シマウマなどをとらえるときには、追いかける役や待ちぶせして飛びかかる役、また、おどかす役やときにはおとりの役などに分かれて、一つのチームとなってかりをします。

おどかす役などには、子どものライオンが加わることもあり、かりが失敗してもなかまをせめたりはしないようです。

1の文章を読んで、答えましょう。

(1) チーターは、どんなことができる動物ですか。

（世界でいちばん速く走る）ことができる動物

(2) チーターの走る速さは、どれくらいにもなるといっていますか。

時速百キロメートル

(3) チーターが㋐えものににげ切られてしまうことがあるのは、なぜですか。

チーターは速く走れても、その速さで（長く走り続ける）ことはできないから

2の文章を読んで、答えましょう。

(1) ライオンは、グループで何を決めてえものをとらえますか。

役わり

(2) どの役わりなどに、子どものライオンが加わることがあるといっていますか。○をつけましょう。

（　）おとりの役

（○）おどかす役

(3) 「えものをとらえる」ことを、別の言葉で何といっていますか。文中の二字の言葉で答えましょう。

かり

19 頁

説明文（理科） 三文の文章を読み取ろう ③

名前

1

① 草むらにいるバッタやカマキリの体の色は、たいてい緑色をしています。

② 体が緑色をしていると、何かつごうのよいことがあるのでしょうか。

③ 緑色は、バッタやカマキリが住んでいる草むらと同じような色なので、㋐バッタのてきである鳥やトカゲなどにも見つかりにくく、食べられにくいからだと考えられています。

2

トンボは、空を飛びながらハエやカなどの小さな虫を見つけては、㋑それらをつかまえて食べて生きています。

そのため、トンボの体は、カブトムシやセミとくらべるととても軽く、うすくて大きな羽根を持ち、空中をすばやく飛ぶのにつごうよくできています。

さらに、大きくて周りのものがよく見える目を持っているのも、空中で虫を見つけては、飛びながらつかまえて食べるというトンボの食べ物や㋒くらしと関係しているといえます。

1の文章を読んで、答えましょう。

(1) ①～③の文のうち、問いかけの役わりをしているのは、どの文ですか。①～③の番号で答えましょう。

②

(2) ㋐バッタのてきとは、どんな動物ですか。文中から二つ書き出しましょう。

鳥　トカゲ

(3) バッタやカマキリの体の色が緑色であることは、どんなことに役立っていますか。一つに○をつけましょう。

（○）身を守ること。

（　）よく目立つこと。

（　）てきをおどかすこと。

2の文章を読んで、答えましょう。

(1) ㋑それらとは、何を指していますか。

（ハエやカなどの）小さな虫

(2) トンボの体の軽さや羽根の大きさは、トンボがどうすることにつごうよくできていますか。

（空中をすばやく飛ぶ）こと

(3) トンボの㋒くらしとは、どのようなくらしのことですか。

トンボが空中で（虫）を見つけては、（飛びながらつかまえて）食べるというくらし

20 頁

説明文（社会） 四文の文章を読み取ろう ①

名前

1

南北に長く、山地が多い日本列島では、地域によって大きく気候がちがいます。

2

さくらの花は、一月中ごろの沖縄から始まり、五月中ごろの北海道まで順に四か月もの間さいていきます。

3

海に面した地域の気候はわりとおだやかですが、内陸部は気温の変化が大きく、山地は気温が低くなります。

4

春から夏の変わり目には雨が多い梅雨になり、夏から秋にかけて台風におそわれ、夏と冬には季節風がふくのも日本の気候の特色です。

＊「日本」は、「にほん」とも読みます。

上の1～4の文章を読んで、答えましょう。

1 日本列島では、地域によって何が大きくちがいますか。一つに○をつけましょう。

（　）南北　（　）山地　（○）気候

2 さくらの花は、次の地域では、いつごろさきますか。

① 北海道　五月中ごろ

② 沖縄　一月中ごろ

3 (1) どんな地域の気候が、わりとおだやかなのですか。

（海に面した）地域

(2) 内陸部の気温について、あてはまる方に○をつけましょう。

（○）気温の変化が大きい。

（　）気温が低い。

4 日本の気候の特色について、（　）にあてはまる言葉を□からえらんで書きましょう。

春から夏の変わり目には、（梅雨）になり、（夏）と（冬）には、季節風がふきます。

春　夏　秋　冬　梅雨　台風

21 頁

説明文（理科） 四文の文章を読み取ろう ②

名前

1

ジャガイモを包丁で切ってみると、包丁の刃に白い粉がつきます。

2

この白い粉は「でん粉」というもので、ジャガイモのイモにふくまれていたものです。

3

ジャガイモは、種ではなくジャガイモのイモを「たねいも」として、土に植えて育てますが、そのとき、根やくきをのばす養分として、このイモのでん粉が使われるのです。

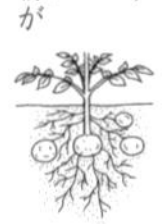

4

また、ジャガイモからとり出したこのでん粉は、「かたくり粉」として、おうちでもからあげや八宝菜などの料理に使われています。

上の1～4の文章を読んで、答えましょう。
（習っていない漢字は、ひらがなで書きましょう。）

1 ジャガイモを包丁で切ったとき、包丁の刃に何がつきますか。

白い粉（こな）

2 白い粉は、何というものですか。名前を書きましょう。

でん粉（ぷん）

3 (1) ジャガイモを育てるとき、何を土に植えますか。○をつけましょう。

（　）ジャガイモの種

（○）たねいも

(2) ジャガイモのイモのでん粉は、ジャガイモが育つときに、どんなことに使われていますか。

ジャガイモの（根やくきをのばす養分）として、使われる。

4 (1) ジャガイモのでん粉は、料理に使われるとき、何とよばれていますか。文中の言葉五文字で答えましょう。

かたくり粉

(2) このでん粉は、おうちではどんな料理に使われていますか。二つ書きましょう。

からあげ　八宝菜（ぽう）

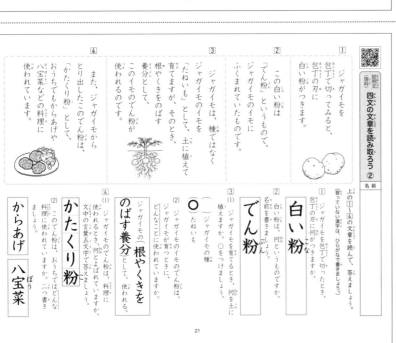

解答例

※ワークシートと解答例は、学習する児童の実態にあわせて拡大してお使いください。

22 頁

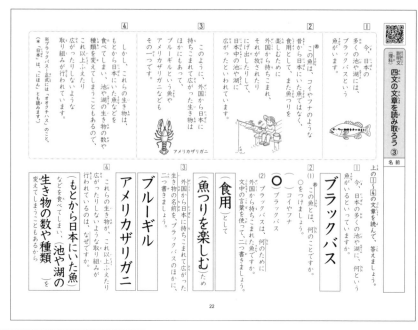

説明文（理科） 四文の文章を読み取ろう ③

名前

1 今、日本の多くの池や湖には、ブラックバスという魚がいます。

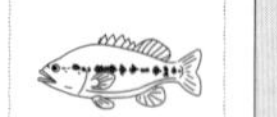

2 あこの魚は、コイやフナのような昔から日本にいた魚ではなく、食用として、また魚つりを楽しむために外国から持ちこまれ、それが放されたりにげ出したりして、日本中の池や湖に広がったといわれています。

3 このように、外国から日本に持ちこまれて広がった生き物はほかにもあって、ブルーギルという魚やアメリカザリガニなどもその一つです。

アメリカザリガニ

4 しかし、これらの生き物は、もとから日本にいた魚などを食べてしまい、池や湖の生き物の数や種類を変えてしまうこともあるので、これ以上ふえたり広がったりしないような取り組みが行われています。

※ブラックバス…正式には「オオクチバス」のこと。

（＊「日本」は、「にほん」とも読みます。）

上の1～4の文章を読んで、答えましょう。

1 今、日本の多くの池や湖に、何という魚がいるといっていますか。

ブラックバス

2 (1) あこの魚とは、何のことですか。〇をつけましょう。

（　）コイやフナ

（〇）ブラックバス

(2) ブラックバスは、何のために外国から持ちこまれた魚ですか。文中の言葉を使って、二つ書きましょう。

（食用）として

（魚つりを楽しむ）ため

3 外国から日本に持ちこまれて広がった生き物の名前を、ブラックバスのほかに、二つ書きましょう。

ブルーギル

アメリカザリガニ

4 これらの生き物が、これ以上ふえたり広がったりしないような取り組みが行われているのは、なぜですか。

（もとから日本にいた魚）などを食べてしまい、（池や湖の生き物の数や種類）を変えてしまうこともあるから

23 頁

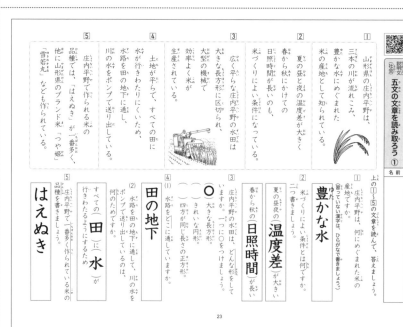

説明文（社会） 五文の文章を読み取ろう ①

名前

1 山形県の庄内平野は、三本の川が流れこみ、豊かな水にめぐまれた米の産地として知られている。

2 夏の昼と夜の温度差が大きく春から秋にかけての日照時間が長いのも、米づくりによい条件になっている。

3 広く平らな庄内平野の水田は大きな長方形に区切られ、大型の機械で効率よく米が生産されている。

4 土地が平らで、すべての田に水が行きわたりにくいため、水路を田の地下に通し、川の水をポンプで送り出している。

5 庄内平野で作られる米の品種では、「はえぬき」が一番多く、他に山形県のブランド米「つや姫」「雪若丸」なども作られている。

上の1～5の文章を読んで、答えましょう。

1 庄内平野は、何にめぐまれた米の産地ですか。

（習っていない漢字は、ひらがなで書きましょう。）

豊（ゆた）かな水

2 米づくりによい条件とは何ですか。二つ書きましょう。

夏の昼夜の（温度差）が大きい

春から秋の（日照時間）が長い

3 庄内平野の水田は、どんな形をしていますか。一つに〇をつけましょう。

（〇）大きな長方形。

（　）きれいな円形。

（　）四方が同じ長さの正方形。

4 (1) 水路をどこに通していますか。

田の地下

(2) 水路を田の地下に通して、川の水をポンプで送り出しているのは、何のためですか。

すべての（田）に（水）が行きわたるようにするため

5 庄内平野で一番多く作られている米の品種を書きましょう。

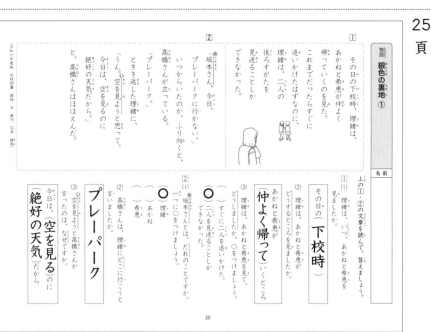

はえぬき

24 頁

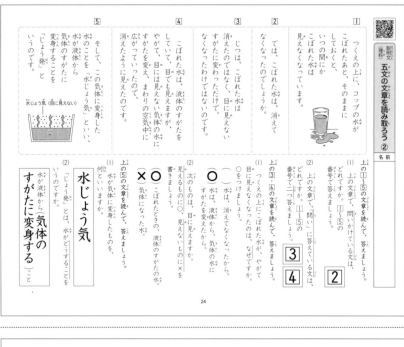

説明文（理科） 五文の文章を読み取ろう ②

名前

1 つくえの上に、コップの水がこぼれたあと、そのままにしておくと、いつの間にかこぼれた水は見えなくなっています。

2 では、こぼれた水は、消えてなくなったのでしょうか。

3 じつは、こぼれた水は消えたのではなく、目に見えないすがたに変わっただけで、なくなったわけではないのです。

4 こぼれた水は、液体のすがたをしていて、目でも見えますが、やがて、目には見えない気体の水にすがたを変え、まわりの空気中に広がっていったので、消えたように見えたのです。

5 そして、この気体に変身した水のことを「水じょう気」といい、水が液体から気体のすがたに変身することを「じょう発」というのです。

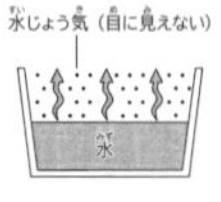

上の1～5の文章を読んで、答えましょう。

(1) 上の文章で、問いかけている文は、どれですか。1～5の番号で答えましょう。

2

(2) 上の文章で、「問い」に答えている文は、どれですか。1～5の番号で二つ答えましょう。

3　4

上の3・4の文章を読んで、答えましょう。

(1) つくえの上にこぼれた水が、やがて目に見えなくなったのは、なぜですか。〇をつけましょう。

（　）水は、消えてなくなったから。

（〇）水は、液体から、気体の水にすがたを変えたから。

(2) 次のものは、目に見えますか。見えるものに〇、見えないものに×を書きましょう。

（〇）こぼれたときの、液体のすがたの水。

（×）気体になった水。

上の5の文章を読んで、答えましょう。

(1) 水が気体に変身したものを、何といいますか。

水じょう気

(2) 「じょう発」とは、水がどうすることをいうのですか。

水が液体から（気体のすがたに変身する）こと

25 頁

物語 銀色の裏地 ①

名前

1 その日の下校時、理緒は、あかねと希恵が仲よく帰っていくのを見た。これまでだったらすぐに追いかけたはずなのに、理緒は、二人の後ろすがたを見送ることしかできなかった。

2 あ「坂本さん、今日、プレーパークに行かない。」いつからいたのか、ふり向くと、高橋さんが立っている。「プレーパーク。」とき返した理緒に、「うん。い空を見ようと思って。今日は、空を見るのに絶好の天気だから。」と、高橋さんはほほえんだ。

（令和六年度版　光村図書　国語　五　銀河　石井　睦美）

上の1・2の文章を読んで、答えましょう。

1 (1) 理緒は、いつ、あかねと希恵を見ましたか。

その日の（下校時）

(2) 理緒は、あかねと希恵がどうするところを見ましたか。

あかねと希恵が（仲よく帰って）いくところ

(3) 理緒は、あかねと希恵を見て、どうしましたか。〇をつけましょう。

（　）すぐに二人を追いかけた。

（〇）二人を見送ることしかできなかった。

2 (1) あ坂本さんとは、だれのことですか。一つに〇をつけましょう。

（〇）理緒

（　）あかね

（　）希恵

(2) 高橋さんは、理緒にどこに行こうと言いましたか。

プレーパーク

(3) い空を見ようと高橋さんが言ったのは、なぜですか。

今日は、（空を見る）のに（絶好の天気）だから

※児童に取り組ませる前に、必ず先生が問題を解いてください。本書の解答や指導にあたっては、あくまで１つの例です。児童の多様な考えに寄り添って、○つけをお願いします。

解答例

※ワークシートと解答例は、学習する児童の実態にあわせて拡大してお使いください。

26頁

物語　銀色の裏地　②

名前

1

　プレーパークは、児童館のとなりにあるしばふの広場で、遊具もある。けれど、高橋さんはそこで空を見るという。

　家への帰り道、理緒はひとりで何度も㋐空を見上げた。

　プレーパークに向かうときも。見えるのは、朝と同じくもり空だ。なのに、絶好の天気って、どういうことだろう。㋑不思議に思いながらプレーパークに着くと、高橋さんはもう着いていて、入り口で理緒を待っていた。

2

「こっちこっち。」

　高橋さんは、ずんずんしばふの中に入っていく。理緒がついていくと、高橋さんはためらいもなく横になった。

「坂本さんもやってみて。」

「う、うん。」

　わけが分からないまま理緒が横になると、㋒高橋さんがぼそりと何かをつぶやいたのが聞こえた。

「なんて言ったの。」

「銀色の裏地。」

（令和六年度版　光村図書　国語　五　銀河　石井　睦美）

上の1・2の文章を読んで、答えましょう。

1 (1) プレーパークとは、どんな場所ですか。

（児童館）のとなりにある（しばふの広場）で、（遊具）もある場所

(2) ㋐空を見上げたとき、理緒には何が見えましたか。

朝と同じ（くもり空）

(3) ㋑不思議に思いながらとありますが、理緒はどんなことを不思議に思ったのですか。○をつけましょう。

（　）高橋さんが、プレーパークにもう着いていたこと。

（○）くもり空なのに、空を見るのに絶好の天気だと、高橋さんが言ったこと。

2 (1) プレーパークでの、高橋さんの行動の順番になるように、１〜３の数字を（　）に書きましょう。

（2）ためらいもなくしばふに横になる。

（1）ずんずんしばふの中に入っていく。

（3）理緒にも横になるよう言う。

(2) ㋒高橋さんがぼそりと何かをつぶやいたとありますが、何とつぶやきましたか。（習っていない漢字は、ひらがなで書きましょう。）

銀色の裏地

27頁

物語　銀色の裏地　③

名前

1

　今度は聞き取れた。

　でも、銀色の裏地って、なに。

　㋐理緒の疑問に答えるように、高橋さんは空を見上げたまま、こう続けた。

「全ての雲には銀色の裏地がある。これ、㋑外国のことわざなんだけどね。」

「へえ。そうなんだ。」

2

「うん。くもっていても、雲の上には太陽があるから、雲の裏側は銀色にかがやいている。だから、銀色の裏地をさがそう。㋒そういう歌があるんだって、おじいちゃんが教えてくれた。くもった――じゃなかった、こまったことがあっても、いやなことがあっても、いいことはちゃんとあるんだって。」

　最後のほうを早口で、高橋さんは言った。

　もしかして、わたしの気持ちに気づいていたの。そう思ったけれど、理緒は㋓そのことはきかずに、だまってくもり空を見上げ続けた。

（令和六年度版　光村図書　国語　五　銀河　石井　睦美）

上の1・2の文章を読んで、答えましょう。（習っていない漢字は、ひらがなで書きましょう。）

1 (1) ㋐理緒の疑問とは、どんなことですか。文中から一文で書き出しましょう。

でも、銀色の裏地って、なに。

(2) ㋑外国のことわざとは、どんな言葉ですか。文中から一文で書き出しましょう。

全ての雲には銀色の裏地がある。

2 (1) ㋒そういう歌とありますが、どんな歌ですか。

くもっていても、雲の上には（太陽）があるから、雲の裏側は（銀色にかがやいて）いる。だから、（銀色の裏地）をさがそう。

(2) ㋒そういう歌を、高橋さんに教えてくれたのはだれですか。

高橋さんの（おじいちゃん）

(3) ㋒そういう歌の話の後、高橋さんはどんなことを理緒に伝えましたか。

こまったことや、いやなことがあっても、（いいこと）はちゃんとあるということ

(4) ㋓そのこととは、どんなことですか。

高橋さんが、（わたしの気持ち）に気づいていたのかということ

28頁

物語　銀色の裏地　④

名前

1

　あの厚い雲の向こうに太陽はある。だから今も、雲の裏側は銀色にかがやいている。

　㋐そう想像するのは、とてもすてきなことだった。

　理緒は、急に今朝のお母さんのことを㋑話したくなった。

2

「今日って、朝からくもってたでしょ。㋐、うちのお母さんってば、㋒『今日もいい天気。』って言ったんだよ。」

「おもしろいお母さんだね。あ、いいお母さんっていう意味だけど。」

「うん。」

と、理緒は返事をした。㋓はずむような声が出ていた。

（令和六年度版　光村図書　国語　五　銀河　石井　睦美）

上の1・2の文章を読んで、答えましょう。（習っていない漢字は、ひらがなで書きましょう。）

1 (1) ㋐そう想像するとありますが、どのようなことを想像するのですか。

あの（厚い雲）の向こうに（太陽）はある。だから今も、（雲の裏側は銀色にかがやいて）いる、ということ

(2) ㋐そう想像することを、理緒はどんなことだと考えていますか。

とても（すてきな）こと

(3) ㋑話したくなったとありますが、理緒はどんなことを話したくなったのですか。

（今朝のお母さん）のこと

2 (1) ㋐にあてはまる言葉に○をつけましょう。

（○）なのに　（　）それに

(2) ㋒今日もいい天気とありますが、今日はどんな天気ですか。一つに○をつけましょう。

（　）晴れ　（○）くもり　（　）雨

(3) ㋓はずむような声とありますが、このとき理緒はどんな気持ちだったのですか。○をつけましょう。

（　）おどろいた気持ち

（○）うれしい気持ち

29頁

物語　たずねびと　①

名前

1

　すごく不思議なポスターだった。

　「さがしています」という大きな文字が、㋐わたしの目に飛びこんできたのだ。いつものように駅の構内をぬけていくときのことだった。

　大きな文字の下には名前。名前、だと思う。名前だけ、何段も何段も書いてある。

　――あんなにたくさんの人を、だれがさがしているんだろう。

2

　家の近くのけいじ板にも、よくポスターがはってある。「迷いねこ」や「迷い犬」、「青いインコをさがしています」というのもあった。ねこも犬もインコも、いなくなったまま帰ってこなくなって、だれかがさがしている。

　――だけど、㋑あの大きなポスター。あんなにたくさんの人が、いなくなったのかな。

　どうも気になって、ポスターのはってあるかべまで歩いて行った。

※構内…駅などの、建物の中のこと。

（令和六年度版　光村図書　国語　五　銀河　朽木　祥）

上の1・2の文章を読んで、答えましょう。

1 (1) どんなポスターでしたか。

すごく（不思議）なポスター

(2) ㋐わたしの目に飛びこんできたについて答えましょう。

① 何が飛びこんできたのですか。

（「さがしています」）という大きな文字

② どんな意味ですか。○をつけましょう。

（○）大きな文字が見えた。

（　）紙きれが目の中に入った。

(3) 大きな文字の下には名前がどのように書いてありましたか。（習っていない漢字は、ひらがなで書きましょう。）

名前だけ、（何段も何段も）書いてある。

2 (1) ㋑あの大きなポスターは、どこにはってありましたか。○をつけましょう。

（　）家の近くのけいじ板。

（○）駅の構内のかべ。

(2) ㋒あの大きなポスターを見かけて、「わたし」は、どんなことが気になったのですか。2の文中から一文を書き出しましょう。

あんなにたくさんの人が、いなくなったのかな。

解答例

※ワークシートと解答例は、学習する児童の実態にあわせて拡大してお使いください。

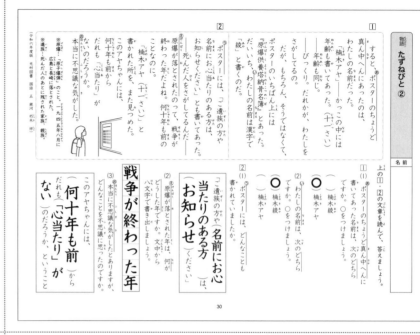

30 頁

物語 たずねびと ②

名前

1

　すると、あポスターのちょうど真ん中へんにあったのは、わたしの名前だった。

「楠木アヤ」――かっこの中には年齢も書いてあった。（十一さい）

――年齢も同じ。

――びっくり。だれかが、わたしをさがしてるの。

　だが、もちろん、そうではなくて、ポスターのいちばん上には『原爆供養塔納骨名簿』とあった。

　だいいち、いわたしの名前は漢字で「綾」と書くのだ。

2

　うポスターには、「ご遺族の方や名前にお心当たりのある方は、お知らせください」とも書いてあった。

――死んだ人をさがしてるんだ――

　え原爆が落とされたのって、戦争が終わった年だよね。何十年も前のことなのに。

　「楠木アヤ（十一さい）」と書かれた所を、また見つめた。

　このアヤちゃんには、何十年も前からだれも「心当たり」がないのだろうか。

　お本当に不思議な気がした。

※原爆…「原子爆弾」のこと。一九四五年八月に広島と長崎に落とされた。
※遺族…死んだ人のあとに残された家族、親族。

（令和六年度版　光村図書　国語　五　銀河　朽木　祥）

上の1・2の文章を読んで、答えましょう。

1 (1) あポスターのちょうど真ん中へんに書いてあった名前は、次のどちらですか。○をつけましょう。

（　）楠木綾
（○）楠木アヤ

(2) いわたしの名前は、次のどちらですか。○をつけましょう。

（○）楠木綾
（　）楠木アヤ

2 (1) うポスターには、どんなことも書かれていましたか。

「ご遺族の方や（**名前にお心当たりのある方**）は、（**お知らせ**）ください」

(2) え原爆が落とされた年は、何がどうした年ですか。文中から八文字で書き出しましょう。

戦争が終わった年

(3) お本当に不思議な気がしたとありますが、どんなことを不思議に思ったのですか。

このアヤちゃんには、（**何十年も前**）からだれも（**「心当たり」が**）（**ない**）のだろうか、ということ

31 頁

物語 たずねびと ③

名前

［綾は、兄と二人で広島の原爆ドームに行った。］

1

　秋の空は高く青くすんで、あゆったり流れる川にも空の色がうつっていた。ほね組みがむき出しのドームがいその場にあるのが不思議なくらい、明るくて晴れ晴れとした景色だった。

2

――うここが爆心地なのか。ここで本当にたくさんの人が死んだの――。

　お兄ちゃんも、独り言みたいにつぶやいた。

「え信じられないよな。水面が見えないくらい、びっしり人がういてたなんて。」

※ドーム…「原爆ドーム」のこと。原子爆弾の被害を今に伝えている。世界遺産。
※爆心地…爆発の中心地。原爆が爆発したところ。

（令和六年度版　光村図書　国語　五　銀河　朽木　祥）

上の1・2の文章を読んで、答えましょう。

1 (1) 秋の空は、どんな様子でしたか。（　）に文中の言葉を書きましょう。

（**高く青くすんで**）いた。

(2) あゆったり流れる川にうつっていたものは、何でしたか。

空の色

(3) いその場にあるのが不思議なものとは、何ですか。

（**ほね組みがむき出し**）のドーム

(4) いその場にあるのが不思議なくらい、どんな景色でしたか。

（**明るくて晴れ晴れ**）とした景色

2 (1) うここが爆心地なのか。ここで本当にたくさんの人が死んだの――。と、思ったのは、だれですか。○をつけましょう。

（○）綾
（　）お兄ちゃん

(2) え信じられないとありますが、どんなことが信じられないのですか。

（**水面が見えない**）くらい、びっしり（**人がういてた**）なんて。

32 頁

物語 たずねびと ④

名前

［綾と兄の二人は、平和記念資料館に向かった。］

1

　資料館を半分も見て回らないうちに、わたしはあ頭がくらくらしてきた。何もかも信じられないことばかりだった。

2

　だけど、い陳列ケースにならべられた、ご飯が炭化した弁当箱、くにゃりととけてしまったガラスびん、八時十五分で止まったうで時計が、そして焼けただれた三輪車や石段に残る人の形のかげが、「本当なんです。あなたは知らなかったの。」と問いかけてくるような気がした。

　原爆の閃光や熱風、四千度もの熱のせいで、この持ち主たちは、ほとんどみんな死んでしまったのだ。

――たった一発の爆弾で、こんなひどいことになるなんて。

※くらくら…めまいがしてたおれそうなようす。

（令和六年度版　光村図書　国語　五　銀河　朽木　祥）

上の1・2の文章を読んで、答えましょう。

1 わたしのあ頭がくらくらしたのは資料館で見るものが、どんなことばかりだったからですか。

（**何もかも信じられない**）ことばかり

2 (1) い陳列ケースには、どんなものがならべられていましたか。

・ご飯が炭化した（**弁当箱**）
・くにゃりととけてしまった（**ガラスびん**）
・（**八時十五分**）で止まった（**うで時計**）
・焼けただれた（**三輪車**）
・石段に残る（**人の形のかげ**）

(2) 陳列ケースにならべられたものが、何と問いかけてくるような気がしましたか。文中から書き出しましょう。

本当なんです。あなたは知らなかったの。

(3) 陳列ケースにならべられたものの持ち主たちは、どうなったのですか。

ほとんどみんな（**死んでしまった**）のだ。

33 頁

物語 たずねびと ⑤

名前

［原爆供養塔で、綾と兄の二人は、小さなおばあさんから供養塔について話を聞いた。］

1

「――あの、ポスターにね、わたしと名前が同じ女の子がいたんです。わたし、クスノキアヤっていうんですけど。」

　あおばあさんの顔がぱっとかがやいた。お兄ちゃんがあわてた様子で付け足した。

「遺族とか、知り合いとかじゃないんです。ただ年齢までいっしょだったから、妹がすごく心に残ったみたいで――。」

　それを聞くと、おばあさんはだまりこんでしまった。

2

　いわたしはこまってお兄ちゃんを見た――おばあさんをがっかりさせてしまったにちがいないと思ったのだ。

　だが、そうではなかった。

　おばあさんは、ほうきとちり取りをわきに置くと、しゃがんで供養塔に手を合わせ、こう言ったのだ。

「アヤちゃん、よかったねえ。もう一人のアヤちゃんがあなたに会いに来てくれたよ。」

※供養塔…死んだ人の、死後の幸せをいのるところ。

（令和六年度版　光村図書　国語　五　銀河　朽木　祥）

上の1・2の文章を読んで、答えましょう。

1 (1) あおばあさんの顔がぱっとかがやいたとありますが、これは、おばあさんのどんな気持ちを表していますか。一つに○をつけましょう。

（　）おどろいている気持ち
（　）あわてている気持ち
（○）喜んでいる気持ち

(2) あおばあさんの顔がぱっとかがやいたのを見て、お兄ちゃんはどんな様子で言葉を付け足しましたか。

（**あわてた様子**）で言葉を付け足した。

(3) お兄ちゃんがあわてて言葉を付け足したのは、なぜですか。○をつけましょう。

（○）おばあさんが、自分たちのことを遺族や知り合いだと思いちがいしたと考えたから。

（　）妹と名前が同じ女の子は、年齢も妹と同じだと伝えたかったから。

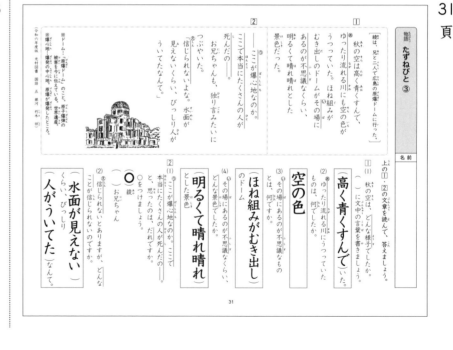

2 (1) わたしが、いこまってお兄ちゃんを見たのは、なぜですか。

おばあさんを（**がっかりさせてしまったにちがいない**）と思ったから

(2) おばあさんは、がっかりしていましたか。○をつけましょう。

（　）がっかりしていた。

（○）がっかりしていなかった。

※児童に取り組ませる前に、必ず先生が問題を解いてください。本書の解答や指導にあたっては、あくまで１つの例です。児童の多様な考えに寄り添って、○つけをお願いします。

解答例

※ワークシートと解答例は、学習する児童の実態にあわせて拡大してお使いください。

34頁

物語　たずねびと ⑥

名前

1

やがておばあさんは顔を上げると、しわだらけの顔いっぱいに、もっとしわをきざんでわたしに笑いかけた。(あ)目には光るものがあったので、泣き笑いみたいな表情だった。

「この楠木アヤちゃんの夢やら希望やらが、あなたの夢や希望にもなって、かなうとええねえ。元気で長う生きて、(い)幸せにおくらしなさいよ。」

わたしははずかしくなって下を向いてしまった。そんなことは考えたこともなかったからだ。

2

別れぎわ、小さなおばあさんは見上げるようにしてわたしの手を取った。

「どうか、(う)この子のことを――アヤちゃんのことを、ずっとわすれんでおってね。」

※しわをきざんで…しわだらけにして。
※別れぎわ…別れようとしたとき。

（令和六年度版　光村図書　国語　五　銀河　朽木　祥）

上の1・2の文章を読んで、答えましょう。

1 (1) (あ)目には光るものがあったとありますが、「光るもの」とは何のことですか。一つに○をつけましょう。

（　）めがね
（○）なみだ
（　）あせ

(2) おばあさんは、どんな表情でしたか。

（泣き笑いみたいな）表情

(3) おばあさんは、(い)幸せにおくらしなさいよ。と、だれに向かって言いましたか。○をつけましょう。

（　）楠木アヤちゃん
（○）わたし（楠木綾）

(4) おばあさんの言葉を聞いて、わたしがはずかしくなって下を向いてしまったのはなぜですか。

おばあさんが言ったようなことは、（考えたこともなかったから）

2 (1) 別れぎわ、おばあさんは何を手に取って話をしましたか。

わたしの手

(2) (う)この子とは、だれのことですか。文中から五文字で書き出しましょう。

アヤちゃん

34

35頁

物語　たずねびと ⑦

名前

1

秋の日は短くて、日がしずみかけていた。川土手をゆっくり歩いて、橋に向かった。静かに流れる川、夕日を受けて赤く光る水。

わたしはらんかんにもたれた。お兄ちゃんもせかさなかった。

昼すぎに、この橋をわたったときには、(あ)きれいな川はきれいな川でしかなかった。ポスターの名前が、ただの名前でしかなかったように。

2

(い)資料館で読んだ説明が思い出された――この辺りは、元はにぎやかな町だった。町には多くの人々がくらしていた。だが、あの朝、一発の爆弾が(う)町も人も、この世から消してしまった。

消えてしまった町、名前でしかない人々、名前でさえない人々、数でしかない人々、数でさえない人々。

※らんかん…橋のさくの部分。手すり。
※もたれた…よりかかった。
※せかす…急がせる。

（令和六年度版　光村図書　国語　五　銀河　朽木　祥）

上の1・2の文章を読んで、答えましょう。

1 (1) 一日にうちの、いつごろのことですか。一つに○をつけましょう。

（　）早朝
（　）昼すぎ
（○）夕方

(2) 日がしずみかけて、川や、川の水は、どんな様子ですか。文中から一文で書き出しましょう。

静かに流れる川、夕日を受けて赤く光る水。

(3) (あ)きれいな川は、きれいな川でしかなかったのは、いつのことでしたか。

（昼すぎ）に、この（橋）を（わたった）とき

2 (1) (い)資料館で読んだ説明には、どんなことが書いてありましたか。

この辺りは、元は（にぎやかな町）だった。町には、（多くの人々）がくらしていた。

(2) (う)町も人も、この世から消してしまったのは何ですか。（習っていない漢字は、ひらがなで書きましょう。）

一発の爆弾

35

36頁

物語　たずねびと ⑧

名前

1

「一発の爆弾がにぎやかな町も多くの人々も、この世から消してしまった。」

だけど、あのおばあさんが言っていたように、わたしたちがわすれないでいたら――

楠木アヤちゃんが確かにこの世にいて、(あ)あの日までここで泣いたり笑ったりしていたこと、そして、ここでどんなにおそろしいことがあったかということ――を(い)ずっとわすれないでいたら、世界中のだれも、二度と同じようなめにあわないですむのかもしれない。

2

メモに書いた「楠木アヤ」という文字を、(う)また指でなぞった。その名前に、祈念館でめぐり合った子どもたちの顔が、次から次へと重なった。

そして、夢で見失った名前にも、いくつもいくつものおもかげが重なって、わたしの心にうかび上がってきた。

※おもかげ…記おくに残っているすがたや顔つき。

（令和六年度版　光村図書　国語　五　銀河　朽木　祥）

上の1・2の文章を読んで、答えましょう。

1 (1) (あ)あの日とは、どんな日のことですか。○をつけましょう。

（　）おばあさんに会った日
（○）一発の爆弾が落とされた日

(2) わたしは、どんなことを(い)ずっとわすれないでいたらといっていますか。

楠木アヤちゃんが確かに（この世）にいて、あの日までここで（泣いたり笑ったり）していたこと。そして、ここで（どんなにおそろしいこと）があったかということ

(3) わたしたちが(い)ずっとわすれないでいたら、どうなるといっていますか。

世界中のだれも、（二度と同じようなめにあわないですむ）のかもしれない。

2 (1) (う)その名前とは、どんな名前ですか。○をつけましょう。

（○）楠木アヤ
（　）夢で見失った名前

(2) 夢で見失った名前に、たくさんのおもかげが重なって、どこにうかび上がってきましたか。

わたしの心

36

37頁

物語　チェロの木 ①

名前

1

「ヤマバトの子どもが鳴いてるね。ぼそぼそと、まだたよりない(あ)声だけど、鳥はああやって、さえずる練習をするんだよ。ぐぜりっていうんだ。」

2

ぐぜりのことを教えてくれたのは、(い)わたしのおじいさんだった。森の木を育てる仕事をしていたんだ。(う)小さいわたしは、おじいさんについて森を歩くのが好きだった。

おじいさんは、わたしが学校に上がる前になくなってしまった。

3

父さんは、バイオリンやチェロを作る仕事をしていた。いつも工房にいて、木をけずったりみがいたりしている、静かな人だった。

4

トウヒ、カエデ、ポプラ――、工房にはいろんな種類の板があった。十年、二十年かけてかわかした板は、みんな楽器の材料だった。そこにはきっと、おじいさんが育てた森の木もあったんだ。

※バイオリン…弦楽器の一つ。
※チェロ…弦楽器の一つ。バイオリンより大きく、いすにすわって、ひざの間にはさむようにして弾く。
※トウヒ…山に生える松の一種。

（令和六年度版　光村図書　国語　五　銀河　いせ　ひでこ）

上の1～4の文章を読んで、答えましょう。

1 鳥の、(あ)さえずる練習のことを、何といいますか。三文字で書きましょう。

ぐぜり

2 (1) (い)わたしのおじいさんは、どんな仕事をしていましたか。

（森の木を育てる）仕事

(2) (う)小さいわたしは、どんなことが好きでしたか。一つに○をつけましょう。

（　）おじいさんと鳥を見ること。
（○）おじいさんについて森を歩くこと。
（　）おじいさんと森の木を育てること。

3 (1) 父さんは、どんな仕事をしていましたか。

（バイオリンやチェロを作る）仕事

(2) 父さんは、どんな人でしたか。

いつも工房にいて、（木をけずったりみがいたり）している、（静かな）人

4 工房にある板は、みんな何の材料でしたか。

楽器

37

解答例

※ワークシートと解答例は、学習する児童の実態にあわせて拡大してお使いください。

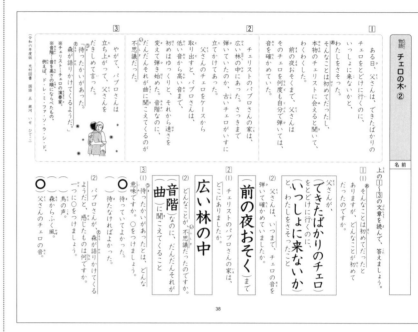

38頁

物語 チェロの木 ②

名前

1
ある日、父さんは、できたばかりのチェロをとどけに行くのに、いっしょに来ないかと、
あわたしをさそった。
そんなことは初めてだったし、本物のチェリストに会えると聞いて、わくわくした。
前の夜おそくまで、父さんはそのチェロを何度も自分で弾いては、音を確かめていた。

2
チェリストのパブロさんの家は、広い林の中にあった。さっきまで弾いていたのか、古いチェロがいすに立てかけてあった。
父さんのチェロをケースから取り出すと、パブロさんは、低い音から高い音まで、初めはゆっくりと、それから速さを変えて弾き始めた。音階なのに、
いだんだんそれが曲に聞こえてくるのが不思議だった。

3
やがて、パブロさんは立ち上がって、父さんをだきしめて言った。
う「待ったかいがあった。
え森が語りかけてくるようだ。」

※チェリスト…チェロの演奏家。
※音階…音を高さの順にならべたもの。例えば、ド・レ・ミ・ファ・ソ・ラ・シ・ド。

（令和六年度版　光村図書　国語　五　銀河　いせ　ひでこ）

上の1～3の文章を読んで、答えましょう。

1
(1) あそんなことは初めてだったとありますが、どんなことが初めてだったのですか。
父さんが、（できたばかりのチェロ）をとどけに行くのに、（いっしょに来ないか）と、わたしをさそったこと

(2) 父さんは、いつまで、チェロの音を弾いて確かめていましたか。
（前の夜おそく）まで

2
(1) チェリストのパブロさんの家は、どこにありましたか。
広い林の中

(2) どんなことが、い不思議だったのですか。
（音階）なのに、だんだんそれが（曲）に聞こえてくること

3
(1) う待ったかいがあったとは、どんな意味ですか。○をつけましょう。
（○）待っていてよかった。
（　）待たなければよかった。

(2) パブロさんが、え森が語りかけてくるようだと、感じたものは何ですか。一つに○をつけましょう。
（　）鳥の声。
（　）森からふく風。
（○）父さんのチェロの音。

39頁

物語 チェロの木 ③

名前

1
わたしは、よく一人で森に行った。
夏の森はひっそりとして、静かだけれど、さびしくはない。
あ枝や葉のすき間から、小さな空がこぼれ落ちる。川の流れが、空のかけらを浮かべて、キラキラサラサラと歌う。

2
時おり、低い声で、調子外れのヤマバトのぐぜりが聞こえる。
いそんなとき、おじいさんがどこかにかくれているような気がした。
遠くでかみなりの音がすると、鳥たちはみんな同じ方に向かって飛んでいった。

※ぐぜり…鳥がさえずる練習のときの鳴き声。

（令和六年度版　光村図書　国語　五　銀河　いせ　ひでこ）

上の1・2の文章を読んで、答えましょう。

1
(1) 夏の森は、どんな様子ですか。
夏の森は（ひっそり）として、（静か）だけれど、さびしくはない。

(2) あ枝や葉のすき間から、小さな空がこぼれ落ちるとは、どんな様子ですか。○をつけましょう。
（　）枝や葉のすき間から、雨のしずくがこぼれ落ちる様子。
（○）枝や葉のすき間から、空が少しだけ見える様子。

(3) 川の流れる様子を、どのように表現していますか。
川の流れが（空のかけら）を浮かべて、（キラキラサラサラ）と歌う。

2
(1) いそんなときとは、どんなときですか。
低い（声）で、調子外れの（ヤマバトのぐぜり）が聞こえるとき

(2) いそんなとき、「わたし」は、どんな気がしましたか。
おじいさんが（どこかにかくれているような）気がした。

40頁

物語 チェロの木 ④

名前

1
パブロさんに二度目に会ったのは、学校の帰り道だった。
外国から帰ってきたのか、チェロと大きなスーツケースを持っていた。

2
あ「いお父さんのチェロは、弾けば弾くほど音が深くなってくる。わたしまで、昨日より今日のほうが、少しずつ上達しているように感じるんだ。
う今度の日曜日、教会の演奏会でこのチェロを弾くんだが、お父さんといっしょに来てくれるかい。」

3
え思いがけないさそいだった。
別れぎわにあくしゅしてくれた手は、
お大きくてやわらかだった。

※思いがけない…思ってもいなかった。意外な。

（令和六年度版　光村図書　国語　五　銀河　いせ　ひでこ）

上の1～3の文章を読んで、答えましょう。

1
「わたし」がパブロさんに会ったのは、どこでしたか。
学校の帰り道

2
(1) あは、だれが言った言葉ですか。○をつけましょう。
（○）パブロさん
（　）お父さん

(2) いお父さんのチェロは、弾けば弾くほどどうなると言っていますか。
弾けば弾くほど（音が深くなってくる）。

(3) う今度の日曜日、だれが何をしますか。○をつけましょう。
（　）教会の演奏会で、お父さんがチェロを弾く。
（○）教会の演奏会で、パブロさんがお父さんのチェロを弾く。

3
(1) え思いがけないさそいとは、どんなさそいでしたか。
教会の演奏会に、（お父さん）といっしょに（来て）くれるかいという、（パブロ）さんからのさそい

(2) だれの手が、お大きくてやわらかだったのですか。○をつけましょう。
（　）お父さんの手
（○）パブロさんの手

41頁

物語 チェロの木 ⑤

名前

1
日曜日、父さんと母さんと
あ三人で、教会に行った。
祭壇にいすが一つ置かれていた。
伴奏なしで演奏するのだ。

2
パブロさんが、弓を静かにチェロの上に置いた。低い二本の弦を同時にひびかせて、バッハの曲が教会のゆかをふるわせた。
パイプオルガンの音が、束になってふってくるような迫力だった。
それから、音は急にほどけるように明るくなると、天に向かってかけぬけていった。
い高い音で弓が細かくはねると、小鳥たちの羽ばたきが見えるような気がした。

3
チェロもパブロさんも、曲といっしょにどんどん自由になっていくようだった。

※バッハ…昔のドイツの作曲家。
※パイプオルガン…けんばんやペダルで演奏する大型のオルガン。教会に置かれていることが多い。

（令和六年度版　光村図書　国語　五・銀河　いせ　ひでこ）

上の1～3の文章を読んで、答えましょう。

1
(1) あ三人とありますが、だれとだれとだれのことですか。三つに○をつけましょう。
（○）父さん
（○）母さん
（　）パブロさん
（○）わたし

(2) いすにすわって、伴奏なしで演奏するのは、だれですか。
パブロさん

2
(1) パブロさんは、だれの曲を演奏しましたか。
（バッハ）の曲

(2) パブロさんの演奏は、どんな迫力でしたか。
パイプオルガンの（音）が、（束になってふってくる）ような迫力

(3) い高い音で弓が細かくはねると、どのような気がしましたか。
（小鳥たちの羽ばたき）が、（見える）ような気がした。

3
チェロもパブロさんも、どうなっていくようでしたか。
曲といっしょにどんどん（自由になって）いくようだった。

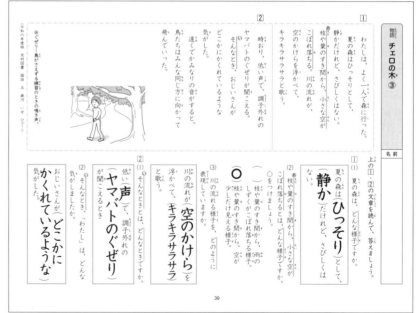

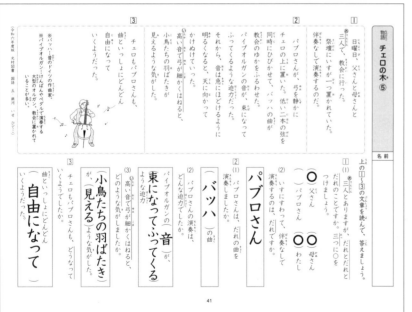

解答例

※ワークシートと解答例は、学習する児童の実態にあわせて拡大してお使いください。

※児童に取り組ませる前に、必ず先生が問題を解いてください。本書の解答や指導にあたっては、あくまで１つの例です。児童の多様な考えに寄り添って、○つけをお願いします。

42 頁

物語 チェロの木 ⑥

名前

1 わたしはまばたきをわすれ、父さんはじっと目をとじていた。

パブロさんのバッハは、森をわたる風のようだったり、川の流れのようだったり、いのりのようだったりした。言葉では表せないことを思い起こさせるようだった。

2 ㋐そんなふうに歌うチェロを、父さんは、工房の木の板から作り出したのだ。

曲を作った人がいる。それを演奏する人がいる。その楽器を作る人がいる。星がめぐるように、音楽が、時間をこえて、㋑みんなをつなげていた。

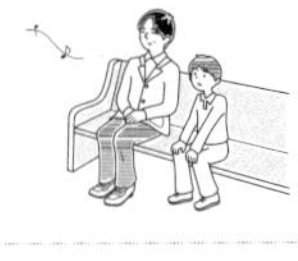

（令和六年度版　光村図書　国語　五　銀河　いせ　ひでこ）

上の1・2の文章を読んで、答えましょう。

1 (1) じっと目をとじていたのは、だれですか。○をつけましょう。

（　）わたし

（○）父さん

(2) パブロさんのバッハは、何のようでしたか。

（森をわたる風）のようだったり、（川の流れ）のようだったり、（いのり）のようだったりした。（言葉では表せない）ことを思い起こさせるようだった。

2 (1) ㋐そんなふうに歌うチェロを、だれが木の板から作り出しましたか。

父さん

(2) ㋑みんなとは、どんな人のことですか。文中から三つ書き出しましょう。（習っていない漢字は、ひらがなで書きましょう。）

（曲を作った）人

（それを演奏する）人

（その楽器を作る）人

(3) 何が、時間をこえて、㋑みんなをつなげていたのですか。

音楽

42

43 頁

物語 おにぎり石の伝説 ①

名前

1 始まりは、こんな一言だった。

「この石、何だかおにぎりみたい。」

だれが最初にそう言ったのかはわすれてしまったけれど、㋐その一言がきっかけて、空前のおにぎり石ブームは始まった。

2 ㋑それは、すべすべした手ざわりの、小さな三角形の石で、確かにぼくの目にも、指先サイズの小さなおにぎりのように見えた。黒い油性マジックで、のりをかき足してみたくなる。

3 おにぎり石の出現は、ある日とつぜんだった。学校のうら庭に、じゃりがしかれている場所があり、そこにあるふつうの石たちにまぎれて、発見されるようになったのだ。簡単に見つかるわけではなくて、集中してさがして、せいぜい一日一個とか、とてもラッキーな感じのする、㋒いいぐあいの確りつだった。

※空前の…今までに一度もなかったような。
※じゃり…岩石がこなごなになって、丸くなった小石。
※確りつ…ある事がらが起こる割合。見こみ。

（令和六年度版　東京書籍　新編　新しい国語　五　戸森　しるこ）

上の1〜3の文章を読んで、答えましょう。

1 (1) ㋐その一言とは、どんな一言ですか。

「この石、何だか（おにぎり）みたい。」

(2) ㋐その一言がきっかけて、始まったものは何ですか。

空前の（おにぎり石ブーム）

2 (1) ㋑それとは、何を指していますか。○をつけましょう。

（○）おにぎり石

（　）じゃり

(2) おにぎり石について、あてはまるもの二つに○をつけましょう。

（○）すべすべした手ざわり。

（　）大きな三角形の石。

（○）指先サイズ。

（　）のりのような黒いもようがある。

3 (1) おにぎり石は、どこで発見されるようになりましたか。文中から六文字で答えましょう。

学校のうら庭

(2) ㋒いいぐあいの確りつとは、どのような確りつですか。

集中してさがして、せいぜい（一日一個）とか、とても（ラッキー）な感じのする確りつ

43

44 頁

物語 おにぎり石の伝説 ②

名前

1 初めは、ぼくのクラス、五年二組の女子の間で、おにぎり石が人気になった。四つ葉のクローバーを見つけるような感覚だ。それでぼくたちも、そのうち何となくつられ始めた。

2 「すべすべしていて、ふつうの石とはちがう気がする。」

「こんな石が自然にできるなんて、不思議だよね。」

㋐「見つけた人は、幸せになれるらしいよ。」

3 すると、おにぎり石にまつわる、みょうなうわさ話が聞こえてくるようになった。その昔、あるたんけん家が、なぞの「おにぎり島」から持ち帰った石なのだとか、この学校ができる前、ここには「おにぎりランド」とよばれるテーマパークがあったのだとか、きょうふの「おにぎり大魔王」ののろいの石なのだとか……。数々の「おにぎり石伝説」に、ぼくらは㋑うっかり㋒むねをおどらせた。

※みょうな…おかしな。不思議な。

（令和六年度版　東京書籍　新編　新しい国語　五　戸森　しるこ）

上の1〜3の文章を読んで、答えましょう。

1 (1) ぼくのクラスは、何年何組ですか。

五年二組

(2) 初めは、どんな人たちの間で、おにぎり石が人気になりましたか。

（五年二組の女子）の間

(3) おにぎり石を見つける感覚を、何を見つけるような感覚だといっていますか。

四つ葉のクローバー

2 おにぎり石を㋐見つけた人は、どうなるらしいと言っていますか。

（幸せになれる）らしい

3 (1) すると、どんな話が聞こえてくるようになりましたか。

（おにぎり石）にまつわる、みょうな（うわさ）話

(2) ㋑うっかりとは、どんな意味ですか。○をつけましょう。

（　）完全に。

（○）思わず。つい。

(3) ぼくらは、何に㋒むねをおどらせたのですか。

数々の（「おにぎり石伝説」）

44

45 頁

物語 おにぎり石の伝説 ③

名前

1 休み時間になると、みんなでおにぎり石さがしだ。放課後には、クラス内で複数の発くつチームが組まれた。

気がつくと、担任の先生のつくえの上にまで、おにぎり石がかざられている。㋐大人にまでえいきょうをあたえるおにぎり石はすごい。ぼくたちのおにぎり石熱は、ますます㋑ヒートアップしていく。

2 「聞いた？　青木が見つけたんだって。」

「いいよなあ。ぼくも同じ場所をさがしてたんだけどなあ。」

「見つけられない最後の一人には㋒なりたくないな。」

「それはみじめすぎるよな。」

3 おにぎり石そのものの みりょく以上に、おにぎり石を見つけられたとき、心からうらやましがられる感じが、ぼくたちの気持ちを高まらせていた。

※発くつ…本来は、土の中からほり出すことを意味する。ここでは、たくさんの中からさがし出すこと。

（令和六年度版　東京書籍　新編　新しい国語　五　戸森　しるこ）

上の1〜3の文章を読んで、答えましょう。

1 (1) 休み時間になると、みんなで何をしますか。

おにぎり石さがし

(2) 放課後には、クラス内で何が組まれましたか。

複数の（発くつチーム）が組まれた。

(3) ㋐大人にまでえいきょうとありますが、どんなえいきょうがありましたか。○をつけましょう。

（　）担任の先生も発くつチームに参加した。

（○）担任の先生のつくえの上におにぎり石がかざられた。

(4) 何がますます㋑ヒートアップしていきましたか。

ぼくたちの（おにぎり石熱）

2 どんな人には㋒なりたくないなと言っていますか。

見つけられない（最後の一人）

3 おにぎり石そのもののみりょくよりも、ぼくたちの気持ちを高まらせていたのは、何ですか。

おにぎり石を見つけられたとき、（心からうらやましがられる）感じ

45

解答例

※ワークシートと解答例は、学習する児童の実態にあわせて拡大してお使いください。

46頁

物語　おにぎり石の伝説④

名前

1
見つけられたらクラスの人気者。
そして、人生はバラ色だ。
一刻も早くおにぎり石を見つけて、
㋐このゲームからぬけ出さなくちゃ
ならない。そんなふうに、だんだん
あせる気持ちが強くなっていく。

2
必死に石をさがしながらも、
ぼくは少しだけ㋑もやもやしていた。
いつのまにそんなバトルになって
しまったんだろう。初めは
こんなはずじゃなかったのに、
どうもおかしい。先生の
つくえの上にあるおにぎり石を、
ぼくは㋒思わずじっとにらんだ。

※一刻も早く…少しの時間でも早く。
※もやもや…気分がすっきりしないこと。

（令和六年度版　東京書籍　新編　新しい国語　五　戸森　しるこ）

上の1・2の文章を読んで、答えましょう。

1
(1) おにぎり石を見つけられたらどうなるのですか。
クラスの（人気者）。
そして、人生は（バラ色）だ。

(2) ㋐このゲームとは、どんなゲームですか。
一刻も早く（おにぎり石）を見つけるゲーム

(3) ㋐このゲームのことで、ぼくはどんな気持ちが強くなっていきましたか。一つに○をつけましょう。
（　）わくわくする気持ち。
（○）だんだんあせる気持ち。
（　）なんだか悲しい気持ち。

2
(1) ㋑もやもやして、ぼくが思ったことを書きましょう。
いつのまに（そんなバトルになってしまった）んだろう。初めは（こんなはずじゃなかった）のに、どうも（おかしい）。

(2) ぼくが、㋒思わずじっとにらんだものは、何ですか。
先生の（つくえ）の上にある（おにぎり石）

47頁

物語　おにぎり石の伝説⑤

名前

1
そんなある日、じゅくで最近
仲良くなった一成から、
「真のクラス、なんだか
ちょっと変じゃない？
うら庭に何かあるの？」
と聞かれた。一成はとなりのクラス、
五年一組だ。ぼくはぎょっと
してしまった。

2
なぜかというと、おにぎり石さがしは、
㋐ぼくたちのクラスげん定のブームで
なくてはいけないからだ。もしも
ほかのクラスの連中までさがし始めて
しまったら、見つけられる可能性は、
うんと低くなってしまう。だから、
ほかのクラスにはひみつという、
暗もくのルールがあった。
そこでぼくは平静をよそおって、
別に何もないと答えた。
「だけど、クラス全員で、何かに
とりつかれている感じがするぞ。」

3
実は今日の休み時間に、ぼくは初めて
おにぎり石を手に入れたところだった。
すごくうれしかったし、㋑かなり
ほっとした。それて、正直なところ、
ぼくはおにぎり石を自まんしたい
気持ちでいっぱいだった。

※可能性…そうすることができる見こみ。
※暗もく…口にださないで、だまっていること。
※平静…態度や気持ちが落ち着いていること。

（令和六年度版　東京書籍　新編　新しい国語　五　戸森　しるこ）

上の1〜3の文章を読んで、答えましょう。

1 ぼくから見て、一成は、どんな人物ですか。二つに○をつけましょう。
（　）昔からの友だち。
（○）じゅくで最近仲良くなった。
（　）今年から同じクラスになった。
（○）となりの五年一組の人。

2
(1) 何が、㋐ぼくたちのクラスげん定のブームでなくてはいけないのですか。
おにぎり石さがし

(2) おにぎり石さがしが、㋐ぼくたちのクラスげん定のブームでなくてはいけないのは、なぜですか。
もしもほかのクラスの連中まで（さがし始めて）しまったら、（見つけられる）可能性は、うんと（低く）なってしまうから

3
(1) なぜ、ぼくは、㋑かなりほっとしたのですか。
今日の（休み時間）に、ぼくは（初めて）おにぎり石を（手に入れた）ところだったから

(2) おにぎり石を手に入れたぼくは、正直なところ、どんな気持ちでいっぱいでしたか。
（おにぎり石を自まんしたい）気持ち

48頁

物語　おにぎり石の伝説⑥

名前

1
一成は口が固そうだし、クールな
男だから、おにぎり石ブームには、
㋐きょう味をしめさないだろう。それに、
ほかのクラスのやつがおにぎり石を
見たときに、いったいどういう反のうを
するか、㋑ちょっと気になった。
㋒この石は本当に、そんなに
かちのあるものなのだろうか。それで、
ぼくはおにぎり石をポケットから
出して、一成に見せることにした。
「実は、みんなで㋓これをさがして
いるんだ。貴重なんだぞ。伝説の
おにぎり石だ。」

2
石にまつわる伝説を三つほど
語り終えたところで、
一成がとつぜん、
「ぷっ。」と
ふき出したから、
ぼくは㋔むっとした。
「何で笑うんだよ？」
㋕「ごめん。とりあえず、明日の放課後、
うちに来てもらってもいいかな。
話はそれからだ。」
意味が分からない。

※かち…そのものがどのくらい重要か、という度合い。値打ち。

（令和六年度版　東京書籍　新編　新しい国語　五　戸森　しるこ）

上の1・2の文章を読んで、答えましょう。

1
(1) 一成は、おにぎり石ブームに㋐きょう味をしめさないだろうと、ぼくが思ったのは、なぜですか。
一成が（クールな）男だから

(2) ぼくが、㋑ちょっと気になったのは、どんなことですか。
（ほかのクラス）のやつがおにぎり石を見たときに、（いったいどういう反のうをするか）ということ

(3) ㋒この石は本当に、そんなにかちのあるものなのだろうか。とは、だれの思いですか。○をつけましょう。
（　）一成　（○）ぼく

(4) ㋓これとは、何を指していますか。
おにぎり石

2
(1) ぼくが㋔むっとしたのは、なぜですか。
（一成）がとつぜん、（「ぷっ。」とふき出した）から

(2) ㋕の言葉は、だれが言った言葉ですか。○をつけましょう。
（○）一成　（　）ぼく

49頁

詩　かんがえるのって　おもしろい

名前

かんがえるのって　おもしろい
谷川　俊太郎

1
㋐かんがえるのって　おもしろい
どこかとおくへ　いくみたい
しらないけしきが　みえてきて
そらのあおさが　ふかくなる
このおかのうえ　㋑このきょうしつは
みらいにむかって　とんでいる

2
なかよくするって　ふしぎだね
㋒けんかするのも　いいみたい
しらないきもちが　かくれてて
まえよりもっと　すきになる
このおかのうえ　㋓このがっこうは
みんなのきもちで　そだってく

（令和六年度版　光村図書　国語　五　銀河　谷川　俊太郎）

上の詩を読んで、答えましょう。

1
(1) ㋐かんがえるのって　おもしろいとありますが、「かんがえる」ことをどうするみたいだといっていますか。1のところから一行を書き出しましょう。
どこかとおくへ　いくみたい

(2) 「どこかとおくへ　いく」と、どうなるといっていますか。
（しらないけしき）がみえてきて
（そらのあおさ）がふかくなる

(3) ㋑このきょうしつは、どこにむかってとんでいるのですか。
みらい

2
(1) ㋒けんかするのも　いいみたいとありますが、「いい」というわけが書いてある二行を、2のところから書き出しましょう。
しらないきもちが
かくれてて
まえよりもっと
すきになる

(2) ㋓このがっこうは、どうなるといっていますか。
（みんなのきもち）でそだってく

解答例

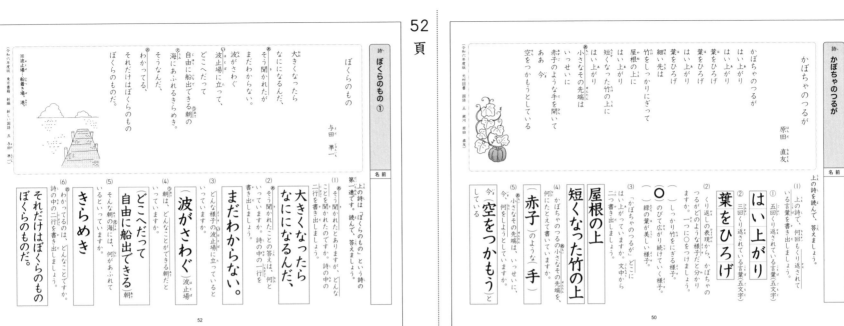

※ワークシートと解答例は、学習する児童の実態にあわせて拡大してお使いください。

50頁

詩　かぼちゃのつるが

名前

かぼちゃのつるが

原田　直友

かぼちゃのつるが
はい上がり
はい上がり
葉をひろげ
葉をひろげ
はい上がり
葉をひろげ
細い先は
竹をしっかりにぎって
屋根の上に
はい上がり
短くなった竹の上に
はい上がり
(あ)小さなその先端は
いっせいに
赤子のような手を開いて
ああ　今
空をつかもうとしている

（令和六年度版　光村図書　国語　五　銀河　原田　直友）

上の詩を読んで、答えましょう。

(1) 上の詩で、何回もくり返されている言葉を書き出しましょう。

① 五回くり返されている言葉（五文字）

はい上がり

② 三回くり返されている言葉（五文字）

葉をひろげ

(2) くり返しの表現から、かぼちゃのつるがどのような様子だと分かりますか。一つに〇をつけましょう。

（　）しっかり竹をにぎる様子。
（〇）のびて広がり続けていく様子。
（　）緑の葉が美しい様子。

(3) 「かぼちゃのつるが」どこにはい上がっていますか。文中から二つ書き出しましょう。

屋根の上

短くなった竹の上

(4) かぼちゃのつるの(あ)小さなその先端を、何にたとえて書いていますか。

（赤子）のような（手）

(5) (あ)小さなその先端は、いっせいに、今、何をしようとしていますか。

今（空をつかもう）としている

51頁

詩　われは草なり

名前

われは草なり

高見　順

第一連
われは草なり
伸びんとす
伸びられるとき
伸びんとす
伸びられぬ日は
伸びぬなり
伸びられる日は
伸びるなり

第二連
われは草なり
緑なり
全身すべて
緑なり
毎年かはらず
緑なり
緑の己に
あきぬなり

第三連
われは草なり
緑なり
緑の深きを
願ふなり

第四連
ああ　生きる日の
美しさ
ああ　生きる日の
楽しさよ
われは草なり
生きんとす
草のいのちを
(あ)生きんとす

※われ…自分を指す言葉。
※己…自分自身のこと。
※生きんとす…生きようとする。
（令和六年度版　光村図書　国語　五　銀河　高見　順）

上の詩を読んで、答えましょう。

(1) この詩は、何連でできていますか。漢数字で書きましょう。

（四）連

(2) すべての連の中で、くり返し出てくる一行があります。詩の中から書き出しましょう。

われは草なり

(3) 第一連に出てくる次の言葉は、どんな意味ですか。合うものを――線で結びましょう。

● 伸びんとす　　　伸びない
● 伸びられる　　　伸びることができる
● 伸びぬ　　　　　伸びようとする

(4) 第二連と第三連で、あわせて四回くり返し出てくる一行があります。詩の中から書き出しましょう。

緑なり

(5) 第四連で、作者は「ああ」と何に感動していますか。二つ書きましょう。

生きる日の美しさ

生きる日の楽しさよ

(6) (あ)生きんとすとありますが、「われ」は何を生きようとしているのですか。

草のいのち

52頁

詩　ぼくらのもの①

名前

ぼくらのもの

与田　準一

大きくなったら
なにになるんだ、
(あ)そう聞かれたが
まだわからない。
波がさわぐ
(い)波止場に立って、
どこへだって
自由に船出できる(う)朝の
(え)海にあふれるきらめき。
そうなんだ、
(お)わかってる、
それだけはぼくらのもの
ぼくらのものだ。

※波止場…船着き場。港。
（令和六年度版　東京書籍　新編　新しい国語　五　与田　準一）

上の詩は「ぼくらのもの」という詩の第一連です。読んで、答えましょう。

(1) (あ)そう聞かれたとありますが、どんなことを聞かれたのですか。詩の中の二行を書き出しましょう。

大きくなったら
なにになるんだ、

(2) (あ)そう聞かれたことの答えは、何といっていますか。詩の中の一行を書き出しましょう。

まだわからない。

(3) どんな様子の(い)波止場に立っているといっていますか。

（波がさわぐ）波止場

(4) (う)朝は、どんなことができる朝だといっていますか。

（どこへだって自由に船出できる）朝

(5) そんな朝の(え)海には、何があふれているといっていますか。

きらめき

(6) (お)わかってるのは、どんなことですか。詩の中の二行を書き出しましょう。

それだけはぼくらのもの
ぼくらのものだ。

53頁

詩　ぼくらのもの②

名前

大きくなったら
なにになるんだ、
そう聞かれたが
まだわからない。
風がはしる
広場の(あ)はての、
ちからづよく
しっかり枝を交す(い)森に
星があんなにゆれている。
そうなんだ、
(う)わかってる、
あれだけはぼくらのもの
ぼくらのものだ。

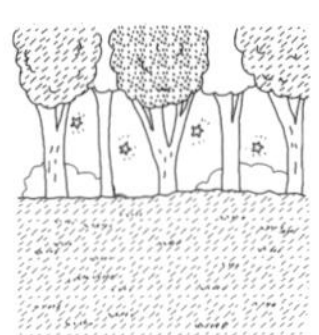

（令和六年度版　東京書籍　新編　新しい国語　五　与田　準一）

上の詩は「ぼくらのもの」という詩の第二連です。読んで、答えましょう。

(1) 第二連の最初の一文は、第一連と同じ文がくり返されています。最初の一文をすべて書き出しましょう。

大きくなったら
なにになるんだ、
そう聞かれたが
まだわからない。

(2) (あ)はてとは、どんな意味ですか。〇をつけましょう。

（　）入り口
（〇）いちばんはし

(3) (い)森は、どこにあるといっていますか。

（風）がはしる（広場）のはて

(4) (い)森は、どんな森だといっていますか。

（ちから）づよくしっかり（枝を交す）森

(5) そんな森に、何がゆれているといっていますか。

星

(6) 上の詩の中で二回くり返されている言葉は何ですか。六文字で答えましょう。

ぼくらのもの

解答例

※ワークシートと解答例は、学習する児童の実態にあわせて拡大してお使いください。

54頁

詩 未知へ

名前

1

未知へ

木村　信子

わたしが響いている
透明な殻の中で響いている
ありったけ響いている
外はもうすぐ春らしい

2

わたしが響いている
痛いほど響いている
あふれるほど響いている
㋐もうすぐわたしは割れるのだ

3

わたしが響いている
おもてへこだまして響いている
まだ見たこともない山へ胸をときめかせて
わたしが響いている

※未知…まだ知らないこと。
※ありったけ…あるだけ全部。
※こだま…声や音が、山や谷などにぶつかり、はね返って聞こえること。山びこ。

（令和六年度版　東京書籍　新編　新しい国語　五　木村　信子）

上の詩を読んで、答えましょう。
（習っていない漢字は、ひらがなで書きましょう。）

(1) この詩は、何連からできていますか。漢数字で書きましょう。

（三）連

(2) すべての連でくり返されている一行を書きましょう。

わたしが響いている

1～3のところを読んで、答えましょう。
（習っていない漢字は、ひらがなで書きましょう。）

1 (1) わたしは、どこで響いていますか。

透明な殻の中

(2) 外の季節は、いつごろですか。○をつけましょう。

（　）春の終わり
（○）冬の終わり

2 ㋐もうすぐ、わたしはどうなるといっていますか。三文字で書き出しましょう。

割れる

3 わたしは、どんなものへ胸をときめかせて響いているのですか。十文字で書き出しましょう。

まだ見たこともない山へ

55頁

詩 好きな詩のよさを伝えよう「するめ」「土」

名前

1

するめ

まど・みちお

㋐とうとう
やじるしに　なって
㋑きいている

うみは
あちらですかと…

※するめ…イカを開いて内臓などを取りのぞき、日光や風に当てて、ほした食品。

2

土

三好　達治

蟻が
蝶の羽をひいて行く
ああ
㋒ヨットのやうだ

（令和六年度版　光村図書　国語　五　銀河　「好きな詩のよさを伝えよう」による）

上の1の詩を読んで、答えましょう。

(1) ㋐とうとうとは、どんな意味を表していますか。○をつけましょう。

（○）ついに　（　）すぐに

(2) イカが「するめ」になったことを、この詩では、何になったと表現していますか。詩の中の言葉四文字で答えましょう。

やじるし

(3) どんなことを、㋑きいているのですか。詩の中から九文字で書き出しましょう。

うみはあちらですか

上の2の詩を読んで、答えましょう。

(1) ㋒ヨットのやうだとたとえているのは、何がどうする様子ですか。
（習っていない漢字は、ひらがなで書きましょう。）

（蟻）が（蝶の羽）をひいて行く様子

(2) 作者が㋒ヨットのやうだという様子は、どこに見えたものでしたか。一つに○をつけましょう。

（　）海の上。
（○）土の上。
（　）ありの巣の中。

56頁

詩 好きな詩のよさを伝えよう「一ばんみじかい抒情詩」「風をみた人はいなかった」

名前

1

一ばんみじかい抒情詩

寺山　修司

なみだは
にんげんのつくることのできる
一ばん小さな
㋐海です

2

風をみた人はいなかった

岸田　衿子

風をみた人はいなかった
風のとおったあとばかり㋑見えた
風のやさしさも　怒りも
㋒砂だけが教えてくれた

（令和六年度版　光村図書　国語　五　銀河　「好きな詩のよさを伝えよう」による）

上の1の詩を読んで、答えましょう。

(1) ㋐海ですとありますが、何を海にたとえていますか。詩の中の言葉三文字で答えましょう。

なみだ

(2) この詩は、どんなものを表した詩ですか。一つに○をつけましょう。

（　）目の前に起こった出来事。
（　）自然の景色。
（○）人の感情。

上の2の詩を読んで、答えましょう。

(1) どんな人はいなかったといっていますか。

（風をみた）人

(2) 何ばかりが㋑見えたのですか。

（風のとおったあと）ばかり

(3) ㋒砂だけが教えてくれたことは、何ですか。詩の中から二つ書き出しましょう。
（習っていない漢字は、ひらがなで書きましょう。）

風のやさしさ

怒り

57頁

詩 季節の足音　春「春の河」「ガラス窓の向うで」

名前

1

春の河

山村　暮鳥

たつぷりと
春は
小さな川々まで
あふれてゐる
あふれてゐる

2

ガラス窓の向うで

立原　道造

ガラス窓の向うで
朝が
小鳥とダンスしてます
お天気のよい青い空

（令和六年度版　東京書籍　新編　新しい国語　五「季節の足音　春」による）

上の1の詩を読んで、答えましょう。

(1) 春は、どのくらいあふれていますか。詩の中の言葉で答えましょう。

（たつぷり）と
あふれてゐる

(2) 春は、どんなところまで、あふれているといっていますか。

（小さな）川々まで
あふれてゐる

上の2の詩を読んで、答えましょう。

(1) 詩の中で、何が何とダンスをしていますか。

（朝）が（小鳥）と
ダンスしてます

(2) どこでダンスをしていますか。
（習っていない漢字は、ひらがなで書きましょう。）

ガラス窓の向う

(3) どんなお天気の朝ですか。一つに○をつけましょう。

（　）雨
（　）くもり
（○）晴れ

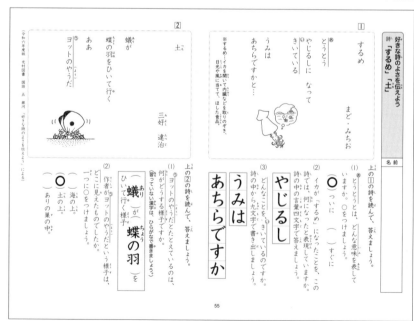

解答例

※ワークシートと解答例は、学習する児童の実態にあわせて拡大してお使いください。

※児童に取り組ませる前に、必ず先生が問題を解いてください。本書の解答や指導にあたっては、あくまで１つの例です。児童の多様な考えに寄り添って、○つけをお願いします。

58 頁

季節の足音 夏　詩「積乱雲」／短歌

名前

1

積乱雲

ぐんぐんそだつ
ぐんぐんのびる
夏の雲
そんなふうに
(あ)いきおいよく
生きてみたい

大越　桂

2

最上川の上空にして (い)残れるは
いまだうつくしき虹の断片

斎藤　茂吉

※いまだ…今になっても。まだ。
※断片…きれぎれになったものの一つ。切れはし。

上の1の詩を読んで、答えましょう。

(1) 「ぐんぐんそだつ」、「ぐんぐんのびる」ものは何ですか。詩の中の言葉三文字で答えましょう。

夏の雲

(2) (あ)いきおいよくと同じ意味の言葉を詩の中の言葉四文字で答えましょう。

ぐんぐん

上の2の短歌を読んで、答えましょう。

(1) (い)残れるはとは、「残っているものは」という意味です。残っているものは何ですか。○をつけましょう。

（　）最上川の水
（○）虹の断片

(2) どこに残っているのですか。短歌の中の言葉六文字で答えましょう。

最上川の上空

(3) 虹の断片のことを、どのようにいっていますか。短歌の中の言葉で答えましょう。

いまだ うつくしき

(令和六年度版　東京書籍　新編　新しい国語　五　「季節の足音　夏」による)

59 頁

季節の足音 秋　詩「落葉」／俳句

名前

1

落葉

樹は
つかわなくなったものを
なぜ
こんなに　美しくしてから
(あ)手ばなすのだろう
燃えるように　(い)かがやかせて

はたち　よしこ

※樹…立っている木。

2

こんなよい月を一人で見て寝る

尾崎　放哉

上の1の詩を読んで、答えましょう。

(1) 詩の中で、「落葉」をどんな言葉で言いかえていますか。十文字で書き出しましょう。

つかわなくなったもの

(2) (あ)手ばなすとは、何がどうすることを表していますか。○をつけましょう。

（○）木が葉を落とすこと。
（　）人間が葉をつみとること。

(3) (い)かがやかせてとありますが、どのようにかがやかせていますか。

燃えるように

上の2の俳句を読んで、答えましょう。

(1) この俳句は、どのような音でできていますか。一つに○をつけましょう。

（　）五・七・五の音
（　）五・七・七の音
（○）五・七・四の音

(2) この俳句の作者が、一人で見ているものは、どんなものですか。俳句の中の言葉六文字で答えましょう。

こんなよい月

(令和六年度版　東京書籍　新編　新しい国語　五　「季節の足音　秋」による)

60 頁

季節の足音 冬　詩「草が枯れるのは」／短歌

名前

1

草が枯れるのは

草が枯れるのは
大地に別れたのではなく
(あ)めぐる季節に　やさしかっただけ
つぎの季節と　むすばれただけ

岸田　衿子

2

おりたちて今朝の寒さを(い)驚きぬ
露しとしとと柿の落葉深く

伊藤　左千夫

上の1の詩を読んで、答えましょう。

(1) 季節が(あ)めぐるとは、どんな意味ですか。○をつけましょう。

（○）季節が回って、またもとにもどること。
（　）季節がずっと変わらないこと。

(2) 詩の中で、草が枯れるのは、どういうことといっていますか。二つ書きましょう。

（めぐる）季節に（やさしかった）だけ
（つぎの）季節と（むすばれた）だけ

上の2の詩を読んで、答えましょう。

(1) (い)驚きぬとは、「驚いた」という意味です。作者は、何に驚いたのですか。短歌の中の言葉五文字で答えましょう。

今朝の寒さ

(2) どんなところに露がついているといっていますか。

柿の（落葉深く）

(3) 露がついている様子を、どんな言葉で表していますか。短歌の中の言葉四文字で答えましょう。

しとしと

(令和六年度版　東京書籍　新編　新しい国語　五　「季節の足音　冬」による)

61 頁

伝記　宮沢賢治 ①

名前

1

「ざしき童子のはなし」という短い童話がある。だれもいない家の中で、ほうきを使う音が聞こえてきたり、子どもたちが遊んでいると、いつのまにか一人増えていたりする話だ。こんな(あ)そぼくな話でも、幸せをよぶざしき童子に住みついてほしいと願う(い)農民の思いがいきいきと伝わってくる。

2

「グスコーブドリの伝記」には、だれもが幸せになれる理想社会を願って、自分がそのぎせい者になろうとするブドリのすがたがえがかれている。(う)それは、教師をやめ、きびしい生活に苦しむ農民のために働きたいと思い続けた賢治のあこがれの生活であった。

上の1・2の文章を読んで、答えましょう。

1

(1) 何という題名の童話について説明していますか。

「ざしき童子のはなし」

(2) (あ)そぼくとは、どんな意味ですか。○をつけましょう。

（○）かざりけがなく、自然のままであること。
（　）不思議で、なぞが多いということ。

(3) (い)農民の思いとは、どんなものですか。

（幸せ）をよぶ（ざしき童子）に住みついてほしいと願うもの

2

(1) 何という題名の童話について説明していますか。

「グスコーブドリの伝記」

(2) (う)それとは、どんなものを指しますか。

だれもが（幸せ）になれる（理想）社会を願って、自分がその（ぎせい者）になろうとするブドリのすがた

(3) 賢治は、どのようにしたいと思い続けたのですか。

（教師）をやめ、きびしい生活に苦しむ（農民）のために（働きたい）と思い続けた。

(令和六年度版　東京書籍　新編　新しい国語　五　西本　鶏介)

※児童に取り組ませる前に、必ず先生が問題を解いてください。本書の解答や指導にあたっては、あくまで１つの例です。児童の多様な考えに寄り添って、◯つけをお願いします。

解答例

※ワークシートと解答例は、学習する児童の実態にあわせて拡大してお使いください。

62
頁

伝記　宮沢賢治 ②

名前

1
ねこやかっこうやたぬきや野ねずみたちの協力によって、満足な演奏をすることができた「セロ弾きのゴーシュ」は、動物に人間以上の愛情を感じることのできた㋐賢治ならではの童話である。

2
そんな動物たちの命を何とも思わず、自分の飼い犬さえも物としか見ることのできない都会のしんし。うわべだけは気取っていても、自分では何もできないおく病者。㋑そういう人間を、はらはらどきどきする不思議さで㋒こらしめたのが、「注文の多い料理店」である。

※うわべ…外から見た感じ。見かけ。

（令和六年度版　東京書籍　新編　新しい国語　五　西本　鶏介）

上の1・2の文章を読んで、答えましょう。
（習っていない漢字は、ひらがなで書きましょう。）

1
(1) 何という題名の童話について説明していますか。

「セロ弾きのゴーシュ」

(2) ㋐賢治ならではのこととは、どんなことですか。

（動物）に人間以上の（愛情）を感じることができたこと

2
(1) ㋑そういう人間にあてはまるもの二つに○をつけましょう。

（○）動物たちの命を何とも思わない。
（　）自分の飼い犬だけは大事にする。
（　）うわべは気取っていない。
（○）自分では何もできないおく病者。

(2) ㋒こらしめたとは、どんな意味ですか。○をつけましょう。

（○）二度と悪いことをしないように、きびしくばつをあたえた。
（　）りっぱな行いに、ほうびをあたえた。

(3) ㋑そういう人間を、どんなものでこらしめたのですか。

（はらはらどきどき）する（不思議）さ

(4) 2の文章では、何という題名の童話について説明していましたか。

「注文の多い料理店」

62

63
頁

説明文　言葉の意味が分かること ①

名前

1
㋐知らない言葉に出会ったとき、あなたはどうしますか。国語辞典を引いたり、人にきいたりするでしょう。そして、「言葉の意味が分かった。」と思うかもしれません。しかし、このとき本当に言葉の意味が分かったのでしょうか。

2
「言葉の意味が分かる」ことは、あなたが思う以上に㋑おく深いことです。なぜなら、言葉の意味には㋒広がりがあるからです。このことを知っておくことは、言葉を学ぶときに役立ち、ふだん使っている言葉やものの見方を見直すことにもつながります。

3
それでは、言葉の意味に広がりがあるとは、どういうことなのでしょうか。㋓小さな子どもに言葉を教える例をもとに、考えてみましょう。

※おく深い…深い意味がある。

（令和六年度版　光村図書　国語　五　銀河　今井　むつみ）

上の1〜3の文章を読んで、答えましょう。

1
・㋐知らない言葉に出会ったとき、どんなことをすると書いてありますか。二つに○をつけましょう。

（○）国語辞典を引く。
（　）ためしに使ってみる。
（○）人にきく。

2
(1) ㋑おく深いこととありますが、筆者はどんなことについて、おく深いといっていますか。

（「言葉の意味が分かる」）こと

(2) ㋒このこととは、どんなことを指しますか。

（言葉の意味）には（広がり）があること

(3) 言葉の意味に広がりがあると知っておくと、どんなよいことがあるといっていますか。二つに○をつけましょう。

（　）国語辞典がいらなくなる。
（○）言葉を学ぶときに役立つ。
（○）使っている言葉やものの見方を見直すことにつながる。

3
㋓小さな子どもに言葉を教える例をもとに、筆者はどんな問いについて考えようとしていますか。

（言葉の意味に広がりがある）とは、どういうことなのでしょうか。

63

64
頁

説明文　言葉の意味が分かること ②

名前

1
あなたが、㋐小さな子どもに「コップ」の意味を教えるとしたら、どうしますか。言葉でくわしく説明しても、子どもはその説明に出てくる言葉を知らないかもしれません。「実物を見せればいい。」と思う人もいるでしょう。

2
しかし、コップには、色や形、大きさなど、さまざまなものがあります。㋑持ち手の付いた小さい赤いコップと、持ち手のない大きなガラスのコップ、どちらをコップとして見せればよいでしょうか。また、コップのような形をしていても、花びんとして作られたものがあるかもしれません。スープを入れる皿にも、コップに似たものがありそうです。㋒そう考えると、使い方も理解してもらわなければなりません。

※持ち手…器具を持つためについている取っ手。

（令和六年度版　光村図書　国語　五　銀河　今井　むつみ）

上の1・2の文章を読んで、答えましょう。

1
㋐小さな子どもに「コップ」の意味を教えるために考えられることとして、筆者はどんな方法をしめしていますか。二つ書きましょう。

（言葉でくわしく）説明する方法

（実物）を見せる方法

2
(1) ㋑持ち手の付いた小さい赤いコップと、持ち手のない大きなガラスのコップは、何の例ですか。

コップには、（色）や（形）、（大きさ）など、さまざまなものがあることの例

(2) ㋒そう考えるとありますが、筆者はどんなことを考えたのですか。二つ書きましょう。

コップのような形をしていても、（花びんとして作られたもの）があるかもしれないこと

コップに似たものがありそうなこと（スープを入れる皿）にも、

(3) ㋒そう考えると、コップの何についても、理解してもらわなければならないのですか。

コップの（使い方）

64

65
頁

説明文　言葉の意味が分かること ③

名前

1
ここから分かるように、㋐「コップ」という一つの言葉が指すものの中にも、色や形、大きさ、使い方など、さまざまな特徴をもったものがふくまれます。つまり、「コップ」の意味には広がりがあるのです。また、㋑その広がりは、「皿」「わん」「湯のみ」「グラス」「カップ」といった他の食器や、「花びん」のような他の似たものを指す言葉との関係で決まってくるのです。

2
一つの言葉がどこまで使えるのか、全ての事物を見て、確かめることはできません。だから、小さな子どもは、限られた例をもとに、㋒言葉の意味のはんいを自分で考え、使っていきます。㋓これは、かんたんなことではありません。そのため、うまくいかなくて、よくおもしろいまちがいをします。

※はんい…あるところからあるところまでの限られた広がり。

（令和六年度版　光村図書　国語　五　銀河　今井　むつみ）

上の1・2の文章を読んで、答えましょう。

1
(1) ㋐「コップ」という一つの言葉が指すものの中には、何をもったものがふくまれますか。

（色）や（形）、（大きさ）、（使い方）など、さまざまな特徴をもったもの

(2) ㋑その広がりとありますが、何に広がりがあるのですか。

「コップ」の（意味）

(3) ㋒その広がりは、何との関係で決まってくるものですか。

「皿」など他の（食器）や、「花びん」のような他の（似たもの）を指す（言葉）との関係

2
(1) ㋒言葉の意味のはんいとは、どういうことをいっていますか。

一つの言葉が（どこまで使えるのか）ということ

(2) ㋓これとは、どんなことを指していますか。

小さな子どもは、（限られた例）をもとに、（言葉の意味のはんい）を自分で考え、使っていくこと

65

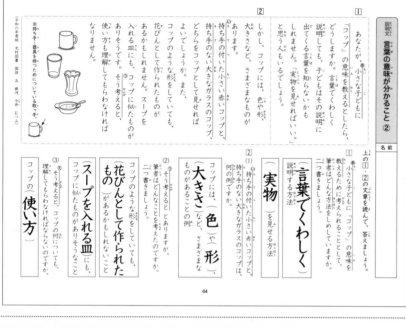

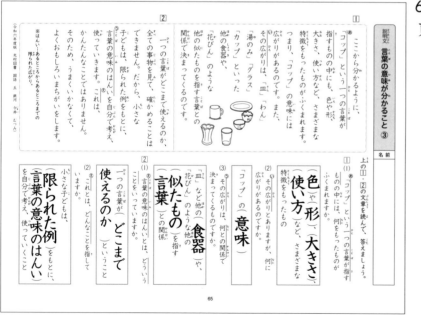

解答例

※ワークシートと解答例は、学習する児童の実態にあわせて拡大してお使いください。

66頁

説明文　言葉の意味が分かること④

名前

1
あるとき、㋐こんな言いまちがいに出会いました。
「歯でくちびるをふんじゃった。」
この子は、「歯でくちびるをかんじゃった。」と言いたかったのです。それなのに、どうしてこんな言いまちがいをしたのでしょうか。

2
よく考えてみると、「ふむ」も「かむ」も、「あるものを上からおしつける動作」なので、㋑似た意味の言葉であるといえます。
おそらく、㋒この子は、「かむ」という言葉を知らず、その代わりに、似た場面で覚えた「ふむ」を使ったのでしょう。

3
つまり、㋓この言いまちがいの原因は、自分が覚えた言葉を、別の場面で使おうとしてうまくいかなかったことといえます。言葉の意味のはんいを広げすぎたのです。

（令和六年度版　光村図書　国語　五　銀河　今井　むつみ）

上の1〜3の文章を読んで、答えましょう。

1 ㋐こんな言いまちがいとは、どんな言いまちがいですか。
「歯でくちびるを（かんじゃった）。」と言いたかったのに、「歯でくちびるを（ふんじゃった）。」と言ってしまったというまちがい

2 (1) ㋑おそらくとは、どんな意味ですか。○をつけましょう。
（○）たぶん
（　）おそくても

(2) 「ふむ」と「かむ」という言葉は、どのような言葉であるといえますか。
（似た意味）の言葉

(3) ㋒この子が知っている言葉と、知らなかった言葉は、何だと筆者は考えていますか。「ふむ」か「かむ」のどちらかを書きましょう。
知っている言葉　…（ふむ）
知らなかった言葉…（かむ）

3 ㋓言いまちがいの原因とは何ですか。文中から書き出しましょう。
（自分が覚えた言葉を、別の場面で使おう）としてうまくいかなかったこと

67頁

説明文　固有種が教えてくれること①

名前

1
資料2を見てください。アマミノクロウサギの生息する㋐南西諸島は、更新世前期に大陸から切りはなされて島になりました。

資料２：日本列島の成り立ち

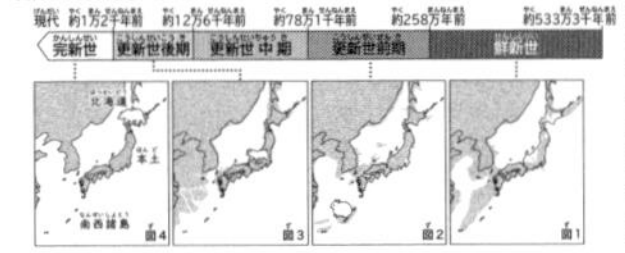

2
アマミノクロウサギは、そのずっと以前に大陸からわたってきた古い種です。
㋑大陸では、その後もっと進化したウサギが栄えたためにほろび、アマミノクロウサギは、南西諸島の奄美大島と徳之島でだけ生き残ったというわけです。

3
このように、他の地域と分断されることによって、固有種は生まれるのです。同じように、本土にはニホンザルなど、主に更新世中期のものが生き残り、固有種になっています。

※固有種…特定の国や地域にしかいない動植物のこと。
※更新世…地質時代の区分の一つ。

（令和六年度版　光村図書　国語　五　銀河　今泉　忠明）

上の1〜3の文章を読んで、答えましょう。

1 (1) ㋐南西諸島には、何という動物が生息しているといっていますか。
（アマミノクロウサギ）

(2) ㋐南西諸島が、大陸から切りはなされて島になったのはいつですか。
更新世（前期）

2 (1) アマミノクロウサギは、いつ大陸からわたってきた種ですか。○をつけましょう。
（○）更新世前期よりずっと以前。
（　）更新世前期よりあと。

(2) ㋑大陸では、現在、アマミノクロウサギは生息していますか。○をつけましょう。
（　）生息している。
（○）ほろんで、生息していない。

3 (1) 固有種は、どうなることによって生まれるのですか。
（習っていない漢字は、ひらがなで書きましょう。）
（他の地域と分断される）こと

(2) 本土には、何という動物が生き残り、固有種になっていますか。文中から書き出しましょう。
（ニホンザル）

68頁

説明文　固有種が教えてくれること②

名前

1
北海道が大陸とはなれたのは、完新世とよばれる、比較的新しい時代です。ですから、本土に比べて固有種が少なく、ヨーロッパまで分布しているヒグマなど、大陸と同じ種がたくさんすんでいます。
㋐イギリスは、さらに新しい時代に大陸から分かれたために、固有種がいないのです。

資料２：日本列島の成り立ち

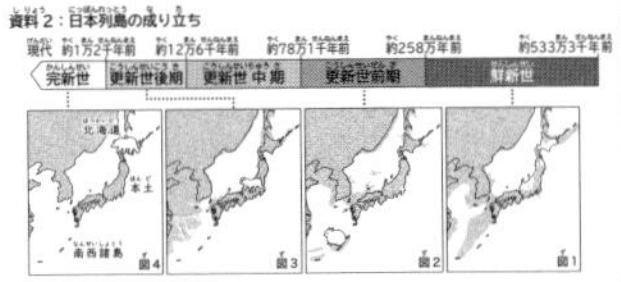

2
このようなことから、日本列島には数百万年前に出現したものをはじめ、さまざまな時代から生き続けているほ乳類が見られ、そのほぼ半数が固有種なのです。

※完新世…「更新世」と同様に、地質時代の区分の一つ。
※比較的…他のものと比べて。わりあいに。
（＊「日本」は「にほん」とも読みます。）

（令和六年度版　光村図書　国語　五　銀河　今泉　忠明）

上の1・2の文章を読んで、答えましょう。

1 (1) 完新世とよばれる時代に大陸とはなれたのは、どこですか。
（北海道）

(2) 完新世は、どんな時代といっていますか。
比較的（新しい）時代

(3) 北海道の説明として、正しいものを二つ選んで○をつけましょう。
（○）本土に比べて固有種が少ない。
（　）ヒグマはすんでいない。
（○）大陸と同じ種が多くすんでいる。

(4) ㋐イギリスに、固有種がいないのはなぜですか。
さらに（新しい時代）に大陸から（分かれた）ため

2 (1) 日本列島には、どのようなほ乳類が見られますか。
（数百万年前に出現）したものをはじめ、（さまざまな時代から生き続けて）いるほ乳類

(2) 日本列島のほ乳類は、どのくらいの数が固有種なのですか。
（ほぼ半数）

69頁

説明文　固有種が教えてくれること③

名前

1
では、このさまざまな動物たちが何万年も生き続けることができたのは、なぜでしょう。
それは、日本列島が南北に長いため、寒い地域からあたたかい地域までの㋐気候的なちがいが大きく、㋑地形的にも、平地から標高三千メートルをこす山岳地帯まで変化に富んでいるからです。そのおかげで、さまざまな動物たちがくらせる、豊かで多様な環境が形づくられたのです。

2
㋒日本にやって来た動物たちは、それぞれ自分に合った場所を選んだことで、生きぬくことができたのでしょう。そして、その場所は、今日まで長く保たれてきました。固有種が生き続けていくためには、この豊かな環境が㋓保全される必要があるのです。

（＊「日本」は「にほん」とも読みます。）

（令和六年度版　光村図書　国語　五　銀河　今泉　忠明）

上の1・2の文章を読んで、答えましょう。

1 (1) 日本列島の、㋐気候的なちがいが大きいのはなぜですか。
日本列島が（南北に長い）ため

(2) 日本列島の、㋑地形的な特徴とは、どんなことですか。
平地から標高三千メートルをこす山岳地帯まで（変化に富んでいる）こと

(3) 気候的なちがいや、地形的な特徴のおかげて、日本列島にはどんな環境が形づくられましたか。
（さまざまな動物たち）がくらせる、（豊かで多様な）環境

2 (1) ㋒日本にやって来た動物たちは、それぞれどんな場所を選んだことで、生きぬくことができたのですか。
（自分に合った）場所

(2) ㋓保全とは、どんな意味ですか。○をつけましょう。
（○）変わらないようにして守ること。
（　）よりよく変えていくこと。

(3) 固有種が生き続けていくためには、何が保全される必要があるのですか。
（習っていない漢字は、ひらがなで書きましょう。）
この（豊かな環境）

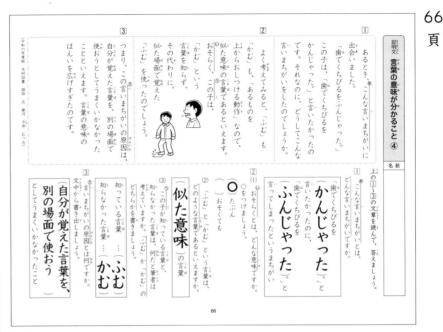

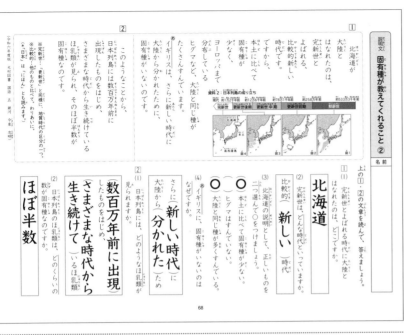

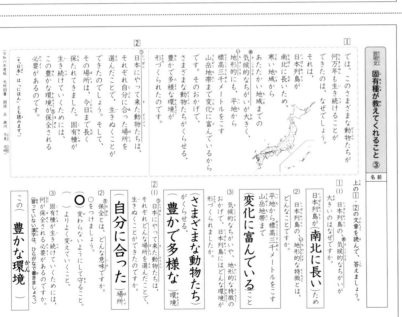

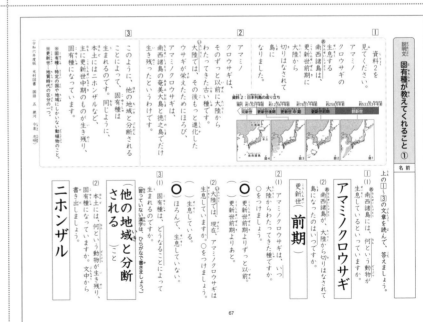

※児童に取り組ませる前に、必ず先生が問題を解いてください。本書の解答や指導にあたっては、あくまで１つの例です。児童の多様な考えに寄り添って、○つけをお願いします。

解答例

※ワークシートと解答例は、学習する児童の実態にあわせて拡大してお使いください。

70頁

説明文　固有種が教えてくれること ④

名前

1
では、現状はどうでしょうか。明治時代以降、人間の活動が活発になり、森林のばっさいや外来種の侵入が進みました。それによって、あ動物たちのすむ場所が消失するという問題が起こり、すでに絶滅したほ乳類もいます。

2
い最もよく知られているのは、本州・四国・九州に生息し、一九〇五年に記録されたものを最後に消息を絶ったニホンオオカミでしょう。二〇一二年には、ニホンカワウソの絶滅が宣言されました。ニホンリスも数が減少しており、すでに九州では絶滅したのではないかともいわれています。

3
自然の作用ではなく、人間の活動によって、固有種が減ってきているのです。

※外来種…人間の活動によって、原産地から別の地域に運ばれ、そこにいつくようになった動植物。もともとその地に生息する種へのえいきょうが大きいものもいる。

（令和六年度版　光村図書　国語　五　銀河　今泉　忠明）

上の1～3の文章を読んで、答えましょう。

1
(1) 人間の活動が活発になったのは、いつの時代以降のことですか。
（**明治**）時代以降

(2) あ動物たちのすむ場所が消失するという問題は、何によって起こりましたか。二つ書きましょう。（習っていない漢字は、ひらがなで書きましょう。）
森林のばっさい
外来種の侵入

2
(1) 絶滅したほ乳類で、い最もよく知られているのは、何という動物ですか。
ニホンオオカミ

(2) ニホンカワウソの絶滅が宣言されたのは、何年でしたか。
二〇一二年

(3) ニホンリスがすでに絶滅したのではないかといわれているのは、どこでですか。一つに○をつけましょう。
（　）本州
（　）四国
（○）九州

3
固有種が減ってきているのは、何によってだといっていますか。文中の五文字の言葉で答えましょう。
人間の活動

70

71頁

説明文　インターネットは冒険だ ①

名前

1
インターネットのおかげで、わたしたちは気軽に、世界中のさまざまな出来事を知ることができるようになった。

2
次々に現れる新しい情報を得ていくことには、自分の世界が広がる冒険のような楽しさがある。しかし、冒険は楽しくもあるが危険もともなうため、あじゅんびが必要だ。それは、インターネットの特徴と危険を知っておくことである。

3
もしあなたが、こんな家族の会話を聞いたとしよう。
「近くの川で人がおぼれたみたいだけど、助かったようだね。」
「それ、小学生が助けたって、いインターネットで話題になっているよ。」
確かに近くの川に人だかりができていて、うさわぎになっていた。友達とも見に行ってみたが、それがニュースになっているようだ。

※人だかり…人がたくさん集まっていること。または、集まった人たち。

（令和六年度版　東京書籍　新編　新しい国語　五　藤代　裕之）

上の1～3の文章を読んで、答えましょう。（習っていない漢字は、ひらがなで書きましょう。）

1
インターネットのおかげで、わたしたちは気軽に、どんなことができるようになりましたか。
世界中の（**さまざまな出来事を知る**）こと

2
(1) インターネットで次々に現れる新しい情報を得ていくことには、どんな楽しさがありますか。
冒険のような楽しさ
（**自分の世界が広がる**）

(2) なぜ、あじゅんびが必要なのですか。
冒険は（**楽しく**）もあるが（**危険**）もともなうため

(3) あじゅんびが必要とありますが、どんなことが必要なのですか。
インターネットの（**特徴**）と（**危険**）を知っておくこと

3
(1) いインターネットで話題になっていることは、どんなことですか。
近くの川でおぼれた人を、（**小学生**）が助けたということ

(2) 近くの川にうさわぎを見に行ってみたのはだれでしたか。○をつけましょう。
（　）あなたの家族
（○）あなたと友達

71

72頁

説明文　インターネットは冒険だ ②

名前

1
インターネットの大きな特徴は、だれもが情報を発信できるということだ。

2
これまで世の中で起きた出来事を伝えてきたのは、主にテレビや新聞だった。テレビや新聞は、そこに所属する記者が取材して確かめたものを、番組や記事にしてとどけている。

3
インターネットでは、記者でなくても、スポーツ選手や宇宙飛行士などの有名人、そしてわたしたち自身まで、さまざまな人が情報を発信することができるようになった。

4
そのおかげで、わたしたちが知ることができる世界は大きく広がった。

※所属…会社などの一員として加わっていること。

（令和六年度版　東京書籍　新編　新しい国語　五　藤代　裕之）

上の1～4の文章を読んで、答えましょう。（習っていない漢字は、ひらがなで書きましょう。）

1
インターネットの大きな特徴は、どんなことですか。
（**だれもが情報を発信できる**）ということ

2
(1) これまで世の中で起きた出来事を伝えてきたのは、主に何でしたか。二つ書きましょう。
テレビ
新聞

(2) テレビや新聞は、どんなものを番組や記事にしてとどけていますか。
そこに所属する（**記者**）が（**取材して確かめた**）もの

3
インターネットで情報を発信することができるようになったのは、どんな人ですか。
記者でなくても、（**スポーツ選手**）や（**宇宙飛行士**）などの有名人、そして（**わたしたち自身**）まで、（**さまざま**）な人

4
おかげで、何が大きく広がったのですか。
わたしたちが（**知る**）ことができる（**世界**）

72

73頁

説明文　インターネットは冒険だ ③

名前

1
しかし、だれもが情報を発信できるために、記者が取材したニュースから、自治体や企業、あそして個人が発信したものまで、さまざまな情報が入り混じってしまっている。

2
人がおぼれたという事故も、その場にいた人ならだれでも、すぐに発信できる。テレビや新聞では報じていない情報もあるが、うそや大げさなものも混じるといい危険がある。

3
だからこそ、「インターネットの話題」をだれが発信しているのかを確かめることがう大切なのだが、インターネットでニュースを見るときに出所を「気にする」人は、二十代以下ではえ半分にも満たない。

4
ふだんの生活では、だれだか分からない人の話を真に受ける人は少ないが、インターネットの情報になると、だれが話しているか確かめない人が多くなるのは不思議なことだ。

※出所…物事が出てくる元となるところ。ここでは情報の発信元のこと。

（令和六年度版　東京書籍　新編　新しい国語　五　藤代　裕之）

上の1～4の文章を読んで、答えましょう。

1
なぜ、あさまざまな情報が入り混じってしまっているのですか。
だれもが（**情報を発信できる**）ため

2
い危険があるとは、どんな危険があるのですか。
（**うそ**）や（**大げさなもの**）も混じるという危険

3
(1) どんなことがう大切なのですか。
「インターネットの話題」を（**だれが発信しているのか**）を（**確かめる**）こと

(2) え半分にも満たないとは、どんな意味ですか。一つに○をつけましょう。
（　）半分より多い。
（　）ちょうど半分くらい。
（○）半分より少ない。

4
次のような人は、どのくらいいると筆者はいっていますか。あてはまる方を――線で結びましょう。

ふだんの生活で、だれだか分からない人の話を真に受ける人 ―― 少ない
インターネットの情報で、だれが話しているか確かめない人 ―― 多い

73

※児童に取り組ませる前に、必ず先生が問題を解いてください。本書の解答や指導にあたっては、あくまで１つの例です。児童の多様な考えに寄り添って、○つけをお願いします。

74頁

説明文　**インターネットは冒険だ ④**

名前

1　話題になっているサイトを見ると、「救助の様子を見ていた子どもが、小学生が助けたと言っていた。」と書いてある。救助の様子はよく見えなかったけれど、ふとした思いつきで、㋐「助けたのは小学生かもしれないね。」と友達に言ったのは自分だ。もしかして、自分の話した内容がインターネット上に広がっているのだろうか。

2　インターネットには、情報が広がるのが速いという特徴もある。ニュース記事やSNSには、ボタン一つですぐに情報を「シェア（共有）」する仕組みがあるからだ。

3　その場で起こっていることをいち早く知らせることができるので、台風や地震といった㋑災害時には、この仕組みを使って人を助けることもできる。

※SNS…ソーシャル・ネットワーキング・サービスのりゃく。インターネット上で人と人とがつながる仕組みをていきょうするサービス。

（令和六年度版　東京書籍　新編　新しい国語　五　藤代　裕之）

上の1～3の文章を読んで、答えましょう。（習っていない漢字は、ひらがなで書きましょう。）

1 (1) 話題になっているサイトを見ると、どんなことが書いてありますか。

「救助の様子を見ていた（**子ども**）が、（**小学生が助けた**）と言っていた。」ということ

(2) ㋐の言葉を言ったのは、だれですか。○をつけましょう。

（**○**）自分　（　）友達

(3) ㋐の言葉は、救助の様子をよく見て言った言葉でしたか。○をつけましょう。

（　）よく見て言った。

（**○**）よく見えなかったが、言った。

2 (1) インターネットには、どんな特徴もあると書いてありますか。

（**情報が広がるのが速い**）という特徴

(2) ニュース記事やSNSには、どんな仕組みがありますか。

（**ボタン**）一つですぐに（**情報**）を「（**シェア（共有）**）」する仕組み

3 (1) どんな時には、㋑この仕組みを使って人を助けることもできますか。

（**台風**）や（**地震**）といった（**災害**）時

75頁

説明文　**新聞記事を読み比べよう ①**

名前

1　わたしたちは毎日の生活の中で、さまざまな情報に接しています。新聞、テレビ、インターネットなど、情報を伝えるための手段のことを㋐メディアといいます。

2　メディアは、常に、受け手に送り手からのメッセージを伝えようとします。そのため、㋑メディアから情報を受け取るときには、そこにどのような送り手のメッセージがあるのかを考えることが大切です。

3　メディアの中でも新聞は、みなさんにとって身近なものの一つといえるでしょう。実際に新聞を読んだり学級新聞を作ったりした経験のある人も、多いのではないでしょうか。

4　新聞は、社会の出来事を速く多くの人に知らせるための印刷物です。全国に向けて発行されている㋒新聞の一ページに入る文字の量は、平均すると約一万八百字になるといわれ、これは、四百字づめの原こう用紙約二十七枚分に当たります。

（令和六年度版　東京書籍　新編　新しい国語　五「新聞記事を読み比べよう」による）

上の1～4の文章を読んで、答えましょう。

1 (1) ㋐メディアとは、何をするための手段のことをいいますか。

（**情報を伝える**）ための手段

(2) メディアには、どんなものがありますか。三つ書きましょう。

新聞　**テレビ**　**インターネット**

2 ㋑メディアから情報を受け取るときには、どんなことが大切ですか。

受け取った情報に、どのような（**送り手のメッセージ**）があるのかを考えること

3 メディアの中でも新聞は、どんなものの一つといっていますか。

（**身近な**）ものの一つ

4 (1) 新聞とは、どんな印刷物だといっていますか。

（**社会の出来事を速く多くの人に知らせる**）ための印刷物

(2) ㋒新聞の一ページに入る文字の量は、四百字づめの原こう用紙では、何枚分に当たりますか。

約（**二十七**）枚分

76頁

説明文　**新聞記事を読み比べよう ②**

名前

1　新聞には、国内外の事件や事故などの出来事について伝える報道記事のほか、社説、コラム、解説、投書など、いろいろな種類の文章がけいさいされています。

2　報道記事は、事実を伝えることが中心ですが、それに加え、その出来事が起きた原因や背景、また、これからどうなるかという見通しや、社会におよぼすえいきょうなど、解説も書かれています。

3　新聞の紙面は、社会、経済、政治、産業、国際、教育、文化、スポーツなど、話題の分野別に構成されています。読者の興味や関心に応じて、どの紙面からでも、どの記事からでも読めるように編集されているのも、㋐新聞の特徴の一つといえるでしょう。

4　また、新聞には、多くの写真や図表がけいさいされています。それらは、㋑記事の書き手が読み手に発信したメッセージを強める働きも持っています。㋒新聞を読むときは、記事を読み取るだけでなく、資料としての写真や図表を読みとくことも大切です。

（令和六年度版　東京書籍　新編　新しい国語　五「新聞記事を読み比べよう」による）

上の1～4の文章を読んで、答えましょう。

1 新聞には、どんな文章がけいさいされていますか。

報道記事のほか、社説、コラム、解説、投書など、（**いろいろな種類**）の文章

2 報道記事は、どうすることが中心だといっていますか。

（**事実を伝える**）こと

3 (1) 新聞の紙面は、どのように構成されていますか。

（**話題**）の分野別に構成されています。

(2) ㋐新聞の特徴の一つとは、どんなことですか。

読者の（**興味や関心**）に応じて、（**どの紙面**）からでも、（**どの記事**）からでも読めるように編集されていること

4 (1) ㋑記事の書き手が読み手に発信したメッセージを強める働きを持っているものは何ですか。二つ書きましょう。

写真　**図表**

(2) ㋒新聞を読むときに大切なこと二つに○をつけましょう。

（**○**）記事を読み取ること。

（　）資料を切り取ること。

（**○**）写真や図表を読みとくこと。

77頁

説明文　**「弱いロボット」だからできること ①**

名前

1　具体的に、「ごみ箱ロボット」の例を見てみましょう。「ごみ箱ロボット」は、その名前のとおり、ごみ箱の形をしたロボットです。見た目はほとんどごみ箱であり、車輪が付いて動けるようになっているものです。

2　㋐このロボットには、ごみを拾うための機能がありません。底に付いた車輪を使って、よたよたと歩きながらごみを見つけます。この歩く動きは、まるでたよりない生き物のように見えます。

3　この㋑「ごみ箱ロボット」の様子を見た人は、思わず、手にしたごみを投げ入れたり、落ちているごみを拾って入れたりします。すると、このロボットは、センサーによってごみが入れられたことを感知し、小さくおじぎをします。ごみを入れた人は、これを見て、何となくうれしい気持ちになるようです。

4　こうやって周りの人の協力を得ながら、このロボットはその場をきれいにすることができるのです。

※感知…感じとること。気づくこと。

（令和六年度版　東京書籍　新編　新しい国語　五　岡田　美智男）

上の1～4の文章を読んで、答えましょう。

1 「ごみ箱ロボット」は、どんなロボットですか。

・（**ごみ箱**）の形をしたロボット

・（**車輪**）が付いて動けるようになっているもの

2 (1) ㋐このロボットが、できることに○、できないことに×をつけましょう。

（**×**）ごみを拾う。

（**○**）よたよたと歩きながらごみを見つける。

(2) ロボットの歩く動きは、まるで何のように見えますか。

たよりない生き物

3 (1) ㋑「ごみ箱ロボット」の様子を見た人は、思わず、どうしますか。

手にしたごみを（**投げ入れ**）たり、落ちているごみを（**拾って入れ**）たりします。

(2) ごみを入れられたことをセンサーで感知したロボットは、何をしますか。

小さく（**おじぎ**）をします。

4 このロボットは、どんなものを得て、その場をきれいにすることができるのですか。文中から七文字で書き出しましょう。

周りの人の協力

解答例

※ワークシートと解答例は、学習する児童の実態にあわせて拡大してお使いください。

解答例

※ワークシートと解答例は、学習する児童の実態にあわせて拡大してお使いください。

78頁

説明文　「弱いロボット」だからできること　②

名前

1
このように、「弱いロボット」には、周りの人の協力を引き出したり、行動をささえったりする力があります。

あ「弱いロボット」と関わるわたしたちも、たがいの思いが伝わる気がしたり、手伝うことの喜びを感じたりすることができます。

2
この「弱いロボット」が持つ「弱さ」は、人間の赤ちゃんに似ているのではないでしょうか。

生まれて半年ほどの赤ちゃんは、歩くこともできませんし、言葉を話すこともできません。一人で何もできないという意味では、「弱い」存在だと言えるでしょう。

3
しかし赤ちゃんは、何もできないのに、周りの大人たちの関心と手助けを引き出します。赤ちゃんがぐずりだすと、大人たちは、

「おなかがすいたのだろうか。」

「遊んでほしいのかな。」などと考え、ミルクを用意したり、おもちゃで遊んだりします。い「弱い」存在でありながら、周囲の人々の協力を引き出すことで、食事をとり、ほしいものを手にすることができるのです。

（令和六年度版　東京書籍　新編　新しい国語　五　岡田　美智男）

上の1〜3の文章を読んで、答えましょう。

1 (1) 「弱いロボット」には、どんな力がありますか。

周りの人の（**協力**）を引き出したり、（**行動**）をささえったりする力

(2) あ「弱いロボット」と関わるわたしたちは、どんなことを感じることができますか。

（**たがいの思いが伝わる**）気がしたり、（**手伝うこと**）**の喜び**を感じたりすること

2 (1) 「弱いロボット」が持つ「弱さ」は、だれに似ているといっていますか。

人間の赤ちゃん

(2) 生まれて半年ほどの赤ちゃんは、どんな意味では、「弱い」存在だと言えるのですか。

（**一人で何もできない**）という意味

3 (1) 赤ちゃんは、周りの大人たちの何を引き出しますか。

（**関心**）と（**手助け**）

(2) い「弱い」存在である赤ちゃんは、周囲の人々の協力を引き出すことで、どんなことができるのですか。

（**食事**）をとり、（**ほしいもの**）**を手にする**ことができる

79頁

説明文　「弱いロボット」だからできること　③

名前

1
赤ちゃんは、あ自分と人々との関わりだけでなく、周囲の人どうしの協力関係も作り出します。赤ちゃんをともに世話する集団として、い周りの大人たちは、赤ちゃんの力になることに喜びを感じることができます。

2
「ごみ箱ロボット」が、自分では十分な機能を持たずにその場所をきれいにすることができるのは、うこうした関わり合いを、ロボットと人間の間に、あるいは、その場にいる人間どうしの間に作ることができるからなのです。

3
それは、「何かをしてもらう」人間と「何かをしてくれる」ロボットのような関係ではなく、たがいに支え合うえ心地よい関係だと言えるでしょう。

（令和六年度版　東京書籍　新編　新しい国語　五　岡田　美智男）

上の1〜3の文章を読んで、答えましょう。

1 (1) 赤ちゃんは、あ自分と人々との関わりのほかに、どんなものを作り出しますか。

周囲の人どうしの（**協力関係**）

(2) い周りの大人たちは、どんな集団として、赤ちゃんの力になることに喜びを感じることができるのですか。

赤ちゃんを（**ともに世話する**）集団

2 (1) うこうした関わり合いにあてはまるもの二つに〇をつけましょう。（1の文章も読んで答えましょう。）

（**〇**）赤ちゃんと人々との関わり。

（　）赤ちゃんどうしの関係。

（**〇**）赤ちゃんの周囲の人どうしの協力関係。

(2) 「ごみ箱ロボット」は、うこうした関わり合いを、どこに作ることができるのですか。二つ書きましょう。

（**ロボット**）と（**人間**）の間

その場にいる（**人間どうし**）の間

3 どちらの関係を、お心地よい関係だといっていますか。〇をつけましょう。

（　）「何かをしてもらう」人間と「何かをしてくれる」ロボットのような関係。

（**〇**）人間とロボットがたがいに支え合う関係。

80頁

古典　古典の世界　方丈記

名前

1
次の文は、「方丈記」の始まりの部分です。作者である鴨長明の、この世をはかないものだと感じる見方が表れています。

2
〈もとの文〉

① ゆく河の流れは絶えずして、しかももとの水にあらず。

② よどみに浮かぶうたかたは、かつ消え、かつ結びて、あ久しくとどまりたるためしなし。

③ 世の中にある人とすみかと、またかくのごとし。

3
〈意味の文〉

❶ い川の流れは絶えることがなく、しかも同じ水が流れているのではない。

❷ よどんだ所に浮かぶあわは、こちらで消えては、あちらで生まれ、同じあわがずっとそのままということはない。

❸ この世の中の人間も住居も、うこれと同じだ。

※はかないもの…こわれやすく、長く続かないもの。

※よどんだ所…水や空気が流れずに、たまっている所。

（令和六年度版　光村図書　国語　五　銀河　「古典の世界（一）」による）

◇〈もとの文〉を、二回音読しましょう。

上の1の文章を読んで、答えましょう。

(1) 「方丈記」の作者の名前は、何ですか。ひらがなで書きましょう。

かものちょうめい

(2) 「方丈記」の作者は、この世をどんなものだと感じていましたか。文中の言葉六文字で答えましょう。

はかないもの

上の2・3の文章を読んで、答えましょう。

（〈もとの文〉①の意味は、〈意味の文〉❶に書かれています。②と❷、③と❸も同様です。）

(1) あ久しくとどまりたるためしなしにあたる部分を、3の〈意味の文〉から書き出しましょう。

（同じあわが）ずっとそのままということはない

(2) い川の流れは絶えることがなくにあたる部分を、2の〈もとの文〉から書き出しましょう。

ゆく河の流れは絶えずして

(3) うこれと同じとありますが、「これ」とは、何を指していますか。〇をつけましょう。

（**〇**）川の流れやあわ。

（　）よどんだ所。

81頁

古典　古典の世界　徒然草

名前

1
次の文は、「徒然草」の始まりの部分です。作者である兼好法師の、人の生き方や自然の美しさに対する考えが表れています。

2
〈もとの文〉

つれづれなるままに、あ日暮らし、硯に向かひて、心にうつりゆくいよしなし事を、うそこはかとなく書きつくれば、あやしうこそえものぐるほしけれ。

3
〈意味の文〉

おすることがなく、たいくつであるのにまかせて、一日中、硯に向かいながら、心に次々と浮かんでは消えていく、とりとめもないことを、何という当てもなく書きつけていると、みょうに心がみだれて、落ち着いていられない。

※とりとめもない…特に重要でもない。まとまりのない。

（令和六年度版　光村図書　国語　五　銀河　「古典の世界（一）」による）

◇〈もとの文〉を、二回音読しましょう。

上の1の文章を読んで、答えましょう。

「徒然草」の作者の名前は、何ですか。ひらがなで書きましょう。

けんこうほうし

上の2の文章を読んで、答えましょう。

声に出して読むとき、次の言葉は、何と読みますか。ひらがなで書きましょう。

① 向かひて

むかいて

② あやしうこそものぐるほしけれ

あやしゅうこそものぐるおしけれ

上の2・3の文章を読んで、答えましょう。

(1) 〈もとの文〉の次の言葉は、どんな意味ですか。合うものを――線で結びましょう。

あ 日暮らし ―― 一日中

い よしなし事 ―― とりとめもないこと

う そこはかとなく ―― 何という当てもなく

え ものぐるほしけれ ―― 落ち着いていられない

(2) おすることがなく、たいくつであるのにまかせてにあたる部分を、2の〈もとの文〉から九文字で書き出しましょう。

つれづれなるままに

「徒然草」の教材は、東京書籍の令和六年度版五年生国語にも掲載されています。

※ワークシートと解答例は、学習する児童の実態にあわせて拡大してお使いください。

※児童に取り組ませる前に、必ず先生が問題を解いてください。本書の解答や指導にあたっては、あくまで１つの例です。児童の多様な考えに寄り添って、○つけをお願いします。

82頁

古典 浦島太郎「御伽草子」より ①

名前

1

〈あらすじ〉

浦島太郎が竜宮城で楽しくくらすうちに、三年がすぎた。ふるさとに帰ることにした太郎に、亀は美しい箱をわたした。

しかし、ふるさとに着くと、そこでは七百年もの時間がすぎていた。

2

〈もとの文〉

太郎思ふ(う)やう(よう)、
亀が与へ(え)しかたみの箱、
あひ(い)かまへ(え)てあけさせ給ふ(たもう)な
と言ひ(い)けれども、
今は何かせん、
あけて見ばやと思ひ(い)、
見るこそ
くやしかりけれ。

3

〈意味の文〉

太郎が思うに、
亀は形見にくれた箱を、
決して開けなさるなと
言っていたけれど、
(ふるさとで長い時間がすぎてしまった)
今となってはどうしようもないので、
開けて見ようと思い、
見てしまったのは
残念なことだった。

（令和六年度版　光村図書　国語　五　銀河「浦島太郎」による）

◇〈もとの文〉を、二回音読しましょう。

上の1の文章を読んで、答えましょう。

浦島太郎がふるさとにもどってくると、どれくらいの時間がすぎていましたか。

七百年もの時間

上の2の文章を読んで、答えましょう。

声に出して読むとき、次の言葉は、何と読みますか。ひらがなで書きましょう。

① 思ふやう　おもうよう

② あひかまへて　あいかまえて

上の2・3の文章を読んで、答えましょう。

(1) 亀は太郎に何を与えましたか。2の〈もとの文〉から五文字で書き出しましょう。

かたみの箱

(2) あ、いにあたる部分を、3の〈意味の文〉から書き出しましょう。

あ あひかまへてあけさせ給ふな　決して開けなさるな

い あけて見ばや　開けて見よう

(3) う 残念なことだったにあたる部分を、2の〈もとの文〉から七文字で書き出しましょう。

くやしかりけれ

83頁

古典 浦島太郎「御伽草子」より ②

名前

1

〈もとの文〉

この箱をあけて見れば、
中より紫の雲三すぢ(じ)上りけり。
これを見れば、
二十四五の齢も、
たちまちに変わりはてにける。
さて、浦島は鶴になりて、
虚空に飛び上がりける。
そもそも、この浦島が年を、
亀があはからひ(い)として、
箱の中にたたみ入れにけり。

2

〈意味の文〉

この箱を開けて見たところ、
中から紫色の雲が三本立ち上った。
この雲を見た太郎は、
二十四、五さいだったのに、
たちまちおじいさんに
変わり果ててしまった。
それから、浦島太郎は鶴になって、
大空へ飛び上がっていった。
もともと、この浦島の年の数を、
亀の心づかいで、
い箱の中にたたんで入れてあったのだ。

（令和六年度版　光村図書　国語　五　銀河「浦島太郎」による）

◇〈もとの文〉を、二回音読しましょう。

上の1・2の文章を読んで、答えましょう。

(1) 箱を開けてみたところ、中から何が立ち上りましたか。○をつけましょう。

(　) 大きな白い雲。

(○) 三本の紫色の雲。

(2) 雲を見た太郎は、どうなってしまいましたか。

(二十四、五さい)だったのに、たちまち(おじいさん)に変わり果ててしまった。

(3) 浦島太郎は、最後にどんな生き物になってしまいましたか。一つに○をつけましょう。

(　) 亀　(○) 鶴　(　) 竜

(4) あ はからひについて答えましょう。

① 声に出して読むとき、何と読みますか。ひらがなで書きましょう。

はからい

② どんな意味ですか。2の〈意味の文〉から四文字で書き出しましょう。

心づかい

(5) い 箱の中にたたんで入れてあったとありますが、何を入れてあったのですか。

浦島の(年の数)

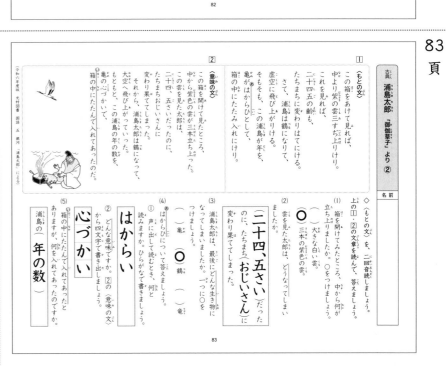

【本書の発行のためにご協力頂いた先生方】（敬称略）

羽田　純一（はだ　じゅんいち）　元京都府公立小学校教諭
中村　幸成（なかむら　ゆきなり）　元奈良教育大学附属小学校主幹教諭
新川　雄也（しんかわ　ゆうや）　元愛媛県小学校教諭

【企画・編集】

原田　善造（はらだ　ぜんぞう）　学校図書教科書編集協力者
わかる喜び学ぶ楽しさを創造する教育研究所・著作研究責任者
元大阪府公立小学校教諭
（高槻市立芥川小学校特別支援学級教諭）

授業目的公衆送信などについての最新情報はこちらをご覧ください。

喜楽研の支援教育シリーズ
ゆっくり ていねいに 学びたい子のための
読解ワーク　ぷらす　5 年

2025 年 3 月 10 日　　第 1 刷発行

原稿執筆者：羽田 純一・中村 幸成・新川 雄也・水本 絵夢　他
イ ラ ス ト：山口 亜耶・浅野 順子　他
企画・編著：原田 善造（他 8 名）
編 集 担 当：中川 瑞枝
発　行　者：岸本 なおこ
発　行　所：喜楽研（わかる喜び学ぶ楽しさを創造する教育研究所：略称）
〒 604-0854　京都府京都市中京区仁王門町 26-1　5F
TEL　075-213-7701　　FAX　075-213-7706
印　　　刷：株式会社米谷

ISBN 978-4-86277-425-5　　Printed in Japan